SW·AI를 위한
아두이노
인공지능 스탠드 만들기

머리말

"인공지능의 감성과 코드의 의미: 소프트웨어와 인공지능의 융합"

제임스 와트가 만든 증기기관에서 시작된 혁명은 세상을 바꾸는 큰 전환점이 되었습니다. 사람이 직접 물건을 생산하는 수공업의 시대는 막이 내리고, 기계가 빠른 속도로 물건을 만드는 공업의 시대가 열렸습니다. 수 천년 동안 이어졌던 농업 문화와 삶은 기계의 등장으로 한순간에 바뀌게 되었습니다. 바로 1차 산업혁명이 시작입니다. 기계의 발명으로 새로운 일자리가 더 생겨났고, 우리의 삶은 더 풍요로워졌습니다.

1차 산업혁명이 시작된 지 1세기가 지나고 에디슨의 발명으로 또 한 번 새로운 변화가 시작되었습니다. 에디슨이 만든 백열전구가 상용화되면서 전기의 시대가 열렸습니다. 석탄을 사용해서 기계를 돌렸던 공장은 전기를 사용하는 새로운 시스템을 도입했습니다. 1913년 미국의 헨리 포드는 전기로 구동하는 컨베이어 벨트를 활용해 자동차 공장을 만들었습니다. 그에 따라 자동차 생산량과 효율이 비약적으로 발전했습니다. 전기의 힘으로 2차 산업혁명의 시대가 열린 것입니다.

그리고 컴퓨터와 인터넷의 등장으로 지식·정보가 가치로 이어지는, 3차 산업혁명이 시작되었습니다. 1970년대 말부터 컴퓨터는 대중화되기 시작했고, 정보화 시대가 열리게 되었습니다. 모든 지식은 데이터화 되었고 컴퓨터와 인터넷으로 원하는 정보를 쉽게 공유할 수 있었습니다. 이렇게 공유된 지식은 발전해서 새로운 지식을 다시 만들어 냈습니다. 이렇게 만들어진 지식은 새로운 산업을 발전시키고, 세상을 또다시 바꿨습니다.

이제는 4차 산업혁명 시대가 시작되었습니다. 4차 산업혁명 시대에서 디지털, 물리적, 생물학적 경계가 없어지면서 기술이 융합될 것입니다. 4차 산업혁명을 이끄는 원동력이 바로 연결과 융합입니다. 4차 산업혁명의 키워드인 소프트웨어와 인공지능은 다른 산업을 융합해서 새로운 부가가치를 만들어 낼 것입니다.

인공지능 기술은 기계학습 및 딥러닝과 같은 기술을 통해 업무의 자동화를 가능케 하고, 이는 생산성을 향상시킵니다. 예를 들어, 생산라인에서 로봇 및 자율주행 차량을 통한 생산 프로세스의 자동화가 가능해지고 있습니다. 또한, 대량의 데이터를 다루고 분석하는 데 인공지능은 탁월한 역할을 합니다. 기업은 이를 통해 고객 행동을 예측하고, 효율적인 전략을 수립할 수 있습니다. 빅데이터 분석을 기반으로 하는 의사결정은 기업의 경쟁 우위를 가져다줄 수 있습니다. 인공지능은 사물인터넷(IoT)과 통합되어 스마트 시스템을 구축하는 데 사용됩니다. 이를 통해 생활환경, 공장, 도시 등에서 발생하는 다양한 자료를 수집하고 분석하여 효율적인 자원 관리와 서비스 제공이 가능해집니다.

알파고가 나온 지 얼마 지나지 않아서 ChatGPT 등 다양한 인공지능이 개발되었습니다. 전 세계에서 2백만 명이 넘는 개발자가 ChatGPT를 사용합니다. 미국 경제전문지인 포춘이 매년 발표하는 돈을 가장 잘 버는 500개 기업 중 92%가 ChatGPT를 사용합니다. 그리고 1주일에 ChatGPT 사용자는 1억 명이 넘습니다.

우리가 살아가는 현대 사회에서 소프트웨어와 인공지능은 우리의 삶을 혁신적으로 변화시키고 있습니다.

소프트웨어는 우리의 일상에 자리하고 있습니다. 모든 것이 코드로 이루어진 세계에서 소프트웨어와 인공지능을 활용할 수 있다면 우리는 새로운 아이디어를 현실로 만들고, 문제를 해결하며, 새로운 경험을 창조할 수 있습니다. 인공지능은 예측과 분석의 능력을 통해 우리의 생활에 혁명을 일으키고 있습니다. 기계학습과 딥러닝의 발전으로 우리는 이전에는 상상조차 할 수 없었던 수준의 문제 해결 능력을 얻게 되었습니다.

이러한 시대에서 가장 중요한 기술 중 하나는 소프트웨어와 인공지능을 활용할 수 있는 코딩 능력과 컴퓨팅 사고력이라고 생각합니다. 영국을 시작으로 일본, 미국 및 여러 국가에서 소프트웨어 교육을 학교 정규 필수 과정으로 운영하고 있으며, 현재 우리나라도 코딩교육 의무화가 되어있습니다. 소프트웨어와 인공지능은 4차 산업혁명 시대를 준비하는 국가경쟁력의 핵심입니다. 미래를 준비하는 우리는 반드시 소프트웨어와 인공지능을 잘 알아야 합니다.

그러면 어떻게 코딩을 배우면 좋을까요? 우리가 직접 만질 수 있는 작품을 만들면서 코딩을 배운다면 훨씬 재미있게 배울 수 있습니다. 아두이노는 오픈 소스 플랫폼으로 다양한 부품을 연결하고 직접 코딩해서 작품을 만들 수 있습니다. 아두이노는 여러분이 코딩을 쉽고 재미있게 배울 수 있도록 도와주는 좋은 친구가 될 것입니다.

아두이노는 p5.js, 티처블 머신, ML5.js 등 다양한 프로그램과 연결해서 사용할 수 있습니다. 아두이노는 세계적인 오픈 소스 플랫폼으로 더 많은 프로그램과 융합될 것입니다. 여러분의 코딩 실력이 향상되고 전자회로에 대한 이해가 깊어진다면 아두이노로 여러분의 상상력을 실현할 수 있을 것입니다. 이 책이 아두이노와 인공지능이 만나는 흥미진진한 세계를 탐험하는 여행의 시작이 되었으면 좋겠습니다.

또한, 잇플TV http://www.bit.ly/ITPLE_TV 에서 코딩 관련 영상이 지속해서 업데이트될 예정입니다. 코딩을 더 쉽고 재미있게 공부할 수 있게 잇플 출판사 카페에 다양한 코딩교육 자료를 준비했습니다. 잇플 출판사 카페(http://cafe.naver.com/arduinofun)에 와서 더욱 멋진 작품을 만들어 보세요.

CONTENTS

CONTENTS

참고: 이책의 성취기준

아두이노는 하드웨어와 소프트웨어를 기반으로 하고 사용하기 쉬운 오픈 전자 플랫폼입니다. 아두이노 보드는 다양한 센서에서 값을 입력받아 코드를 통해 출력할 수 있습니다. 아두이노 보드는 어떻게 탄생하게 되었을까요?

아두이노의 역사는 이탈리아의 이브레아(Ivera)라는 마을에서 시작합니다.

2001년 이브레아 마을에 전문 대학원인 '인터렉션 디자인 전문학교(IDII)'가 문을 열었는데, 이 대학원에서는 컴퓨터와 기계를 다루는 기술자와 예술가가 함께 수업을 듣는 경우가 많았습니다. 그러다 보니 자연스럽게 두 과목이 융합된 결과물이 자주 나오게 되었습니다.

다음 해인 2002년 아두이노의 공동 창립자이며 회장과 CMO를 맡은 Massimo Banzi(마시모 반지)가 부교수로 오게 됩니다. 마시모 반지는 프로그램을 설계하는 소프트웨어 아키텍트였고, 일반인과 학생들에게 피지컬 컴퓨팅을 알리고 싶었습니다. 하지만 IDII는 자금의 여유가 없었을 뿐만 아니라, 피지컬 컴퓨팅이라는 과목도 일반인들에게는 생소하였으므로 피지컬 컴퓨팅을 알리는데 여러 가지로 부족함이 많았습니다.

결국, 마시모 반지는 많은 사람이 피지컬 컴퓨팅을 배울 수 있게 저렴하고 사용하기 쉬운 도구를 만들어야겠다고 생각하고, 그 결과로 아두이노가 세상에 나오게 되었습니다.

2 아두이노 보드의 종류

Arduino UNO R4 Minima	Arduino UNO R4 WiFi	Arduino Uno Rev3	Arduino Leonardo
Arduino UNO Mini Limited Edition	Arduino Micro	Arduino Zero	Arduino UNO WiFi REV2

아두이노는 이탈리아어로 '강력한 친구'라는 뜻입니다. 아두이노를 처음 공부하려는 분들에게 이 책도 분명 강력한 친구가 되리라 생각합니다.

아두이노 보드는 성능과 크기에 따라 종류가 다양하므로 자신이 사용하려는 용도에 맞게 사용하면 됩니다. 이 책에서 사용하는 보드는 아두이노 우노보드로 우노(Uno)는 이탈리아어로 숫자 1을 의미합니다.

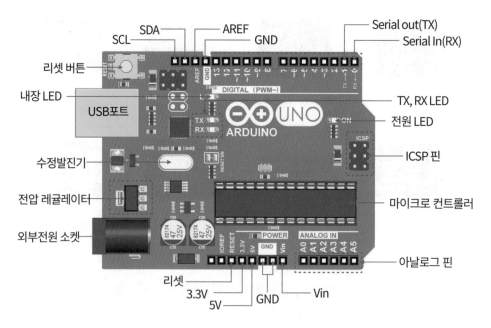

디지털 핀	0핀부터 13핀까지 있습니다. 디지털 값을 입/출력할 수 있으며, 값은 0과 1로 표현합니다.
아날로그 핀	A0 핀부터 A5 핀까지 있습니다. 아날로그값을 입력받을 수 있으며, 값은 0~1023 사이의 값으로 표현합니다.
5V	배터리의 '+' 역할을 합니다. 사용할 부품의 5V 또는 VCC와 연결합니다. 우노 보드에는 마이크로컨트롤러의 아래쪽 POWER(전원부)에 1개 있습니다
GND	배터리의 '-' 역할을 합니다. 사용할 부품의 GND와 연결합니다. 우노 보드에는 5V와 Vin 사이에 2개, 그리고 디지털 13번 핀 옆에 1개 있습니다.
Vin	전원이 부족할때 점퍼선으로 연결하여 외부 전원을 공급할 수 있습니다.
내장 LED	우노 보드에 기본적으로 있는 LED입니다. 디지털 13번 핀과 연결되어 있으며, 사용하기 위해 별도의 회로는 필요하지 않습니다. 디지털 13핀 아래에 'L'이라고 쓰여 있습니다.

아두이노 보드는 그림과 같이 구성되어 있습니다. 위의 표는 그중에서 중요한 몇가지만
뽑아서 설명한 내용입니다.

MEMO

Tinkercad는 Autodesk에서 만든 웹사이트로, 크게 두 가지 기능을 수행할 수 있습니다. 온라인으로 회로를 구성하고 코드를 만들고 실행하여 결과를 볼 수 있는 기능과 3D 모델링을 할 수 있는 기능입니다.

우리가 사용할 기능은 회로입니다. 부품을 구매하기 전에 틴커캐드에서 미리 사용해볼 수 있어 처음 아두이노를 접하는 분에게는 매우 유용한 사이트입니다. 하드웨어적인 문제(불량품 등)나 비용 부담도 없으므로 처음 공부하는 사람들이 사용하기 좋습니다. 또한, 틴커캐드는 자동으로 저장되므로 그동안 만들었던 작업물이 사라질 걱정도 없습니다.

구글에서 틴커캐드 또는 tinkercad라고 검색합니다. 바로 틴커캐드 웹페이지로 들어가려면 《www.tinkercad.com》을 입력합니다.

1.1 회원가입

틴커캐드 메인 페이지 오른쪽 상단의 '등록' 버튼을 클릭합니다.

'사용자 개인'–'개인 계정 생성'을 클릭합니다.

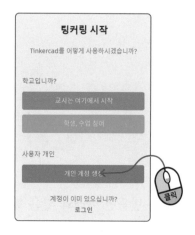

구글이나 애플의 아이디가 있으면, 그 아이디로 회원가입을 진행해도 됩니다. '이메일로 등록'을 클릭하고 진행합니다.

'국가, 지역 또는 영역'에서 '대한민국'으로 바꾸고, 회원가입 하는 본인의 생일을 선택합니다.

틴커캐드에서 사용할 이메일과 비밀번호를 입력 후에 이용 약관 동의란에 체크하고 '계정 작성' 버튼을 클릭합니다.

계정을 만들면 아래와 같은 화면이 나오는지 확인하고, '완료' 버튼을 클릭합니다.

1.2 로그인

틴커캐드 메인 페이지 오른쪽 상단의 '로그인' 버튼을 클릭합니다.

'사용자 개인' – '개인 계정' 버튼을 클릭합니다.

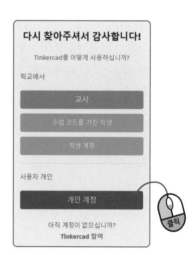

'이메일 또는 사용자 이름' 버튼을 클릭합니다.

회원가입시 입력했던 이메일을 입력하고, '다음' 버튼을 클릭합니다.

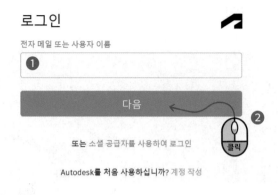

회원가입시 입력했던 비밀번호를 입력하고 '로그인' 버튼을 클릭합니다.

개인 컴퓨터라면 '로그인' 버튼 밑에 있는 '로그인 상태 유지' 박스에 체크하면 다음에 틴커캐드를 더 쉽게 이용할 수 있습니다.

② 틴커캐드 화면구성

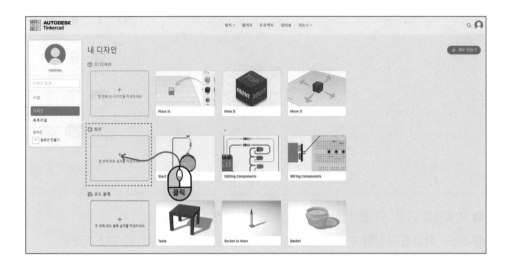

로그인한 후에 화면 왼쪽을 보면 그림과 같은 내용이 있습니다. '3D 디자인'은 모델링 한 후에, STL 파일로 내보내 3D 프린팅을 할 수 있습니다.

여기서 우리가 사용할 '회로'입니다. '새 회로 작성' 버튼을 선택합니다.

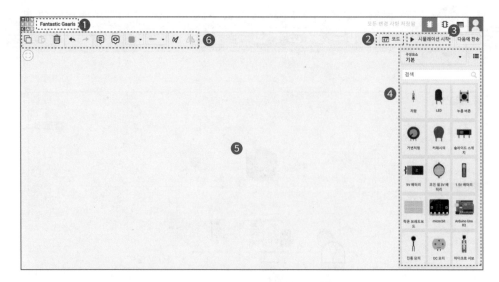

❶ 프로젝트 이름 : 이곳에 쓰는 이름으로 프로젝트를 저장합니다.

❷ 코드 : 회로를 구성한 후 코드를 작성할 수 있는 창입니다. 블록코딩, 텍스트코딩 둘 다 가능합니다.

❸ 시뮬레이션 시작 : 완성한 프로젝트를 웹페이지에서 실행할 수 있는 버튼입니다.

❹ 부품 목록 : 틴커캐드에서 사용할 수 있는 부품들이 있는 목록입니다. 구성요소에서 다른 분류를 선택하면 더 많은 부품을 고를 수 있습니다.

❺ 작업 화면: 오른쪽 부품 목록에서 부품을 드래그&드롭 하여 회로를 구성할 수 있는 화면입니다.

❻ 작업 탭 : 부품들을 복사, 삭제하거나 실행 취소, 선의 색깔을 바꾸는 등의 작업을 할 수 있습니다.

위의 이미지는 '새 회로 작성'을 누르면 나오는 화면입니다. 각각의 버튼을 클릭해보세요.

③ 틴커캐드에서 우노 보드 내장 LED 사용하기

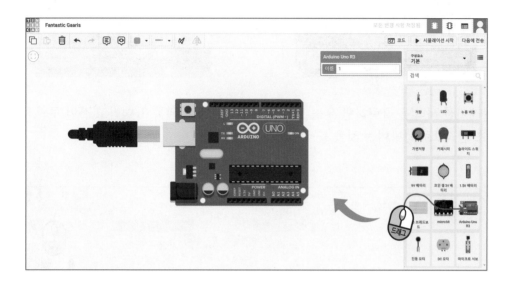

틴커캐드를 이용하여 우노 보드에 있는 내장 LED를 작동해보겠습니다.

오른쪽 '부품 목록'을 아래로 내려 'Arduino Uno R3'를 왼쪽으로 드래그&드롭으로 가져옵니다.

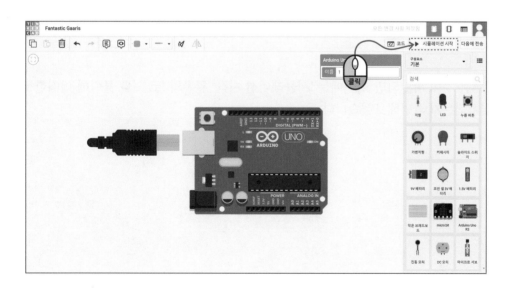

그다음에 오른쪽 상단의 '시뮬레이션 시작'을 클릭합니다.

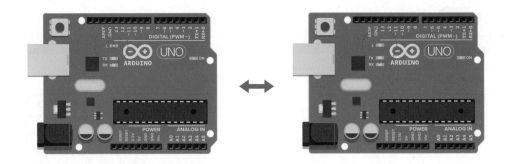

'시뮬레이션 시작'을 클릭하면 우노 보드의 아두이노 로고 왼쪽 'L'이라고 쓰인 곳의 LED
가 1초 간격으로 깜박이는 것을 볼 수 있습니다.

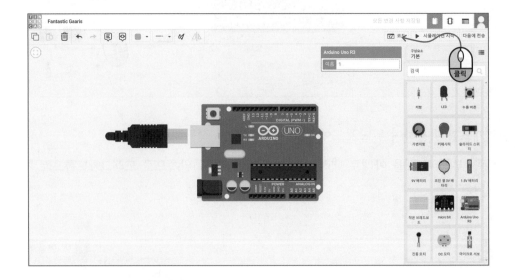

깜박이는 것이 확인되면 이번에는 '시뮬레이션 시작' 왼쪽의 '코드'를 클릭해 어떠한 코드
가 실행되는지 확인해보겠습니다.

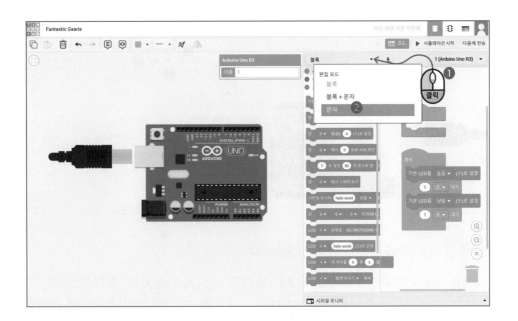

'코드'를 클릭하면 처음에는 블록 코드가 보입니다. 왼쪽 위에 '블록'이라고 쓴 글씨를 클릭한 다음 '문자'로 변경합니다.

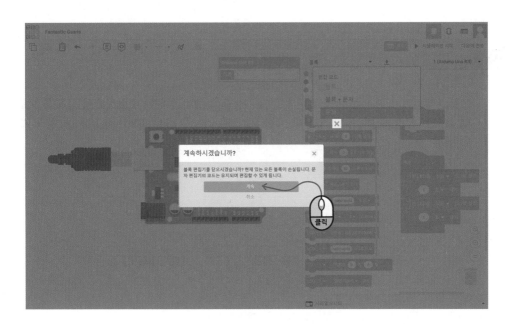

'계속'을 클릭하여 블록으로 된 코드를 텍스트로 바꿉니다.

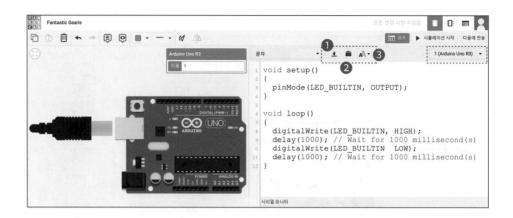

문자로 바뀐 코드 창의 구성을 알아보겠습니다.

빨간색 상자 안은 왼쪽에서부터 순서대로 '스케치 파일로 다운로드', '라이브러리', '폰트 크기'입니다. 파란색 상자에서는 여러 개의 보드가 있을 때 어떤 보드에 코드를 작성할 것인지 선택할 수 있습니다.

시뮬레이션에서 어떤 코드가 실행되는지 분석해보기 전에 '함수'에 관해 간단히 설명하겠습니다.

함수란?

프로그래밍에서 함수(function)는 특정한 기능을 수행하기 위해 독립적으로 설계된 프로그램 코드의 집합을 말합니다. 앞으로 배울 setup(), loop(), digitalWrite(), delay() 등도 함수입니다.

```
void setup(){
  pinMode(LED_BUILTIN, OUTPUT);
}
```

setup() 함수는 설정하는 부분으로 한 번만 실행됩니다.

예를 들어, 디지털 13번 핀을 출력으로 설정하는 코드는 여러 번 실행될 필요가 없이 한 번만 실행해도 됩니다. 그래서 setup()에 LED_BUILTIN핀을 '출력(OUTPUT)'으로 설정하는 코드를 작성합니다.

```
void loop()
{
  digitalWrite(LED_BUILTIN, HIGH);
  delay(1000); // Wait for 1000 millisecond(s)
  digitalWrite(LED_BUILTIN, LOW);
  delay(1000); // Wait for 1000 millisecond(s)
}
```

void loop() 함수의 'loop'는 '고리'를 의미합니다. loop 중괄호 안에 있는 코드는 무한 반복되므로 계속해서 실행해야 할 코드를 작성합니다.

digitalWrite(pin_number, value);

digitalWrite() 함수는 pin_number에 입력되는 디지털 핀에 value 값을 보내는 함수입니다. value에 들어갈 수 있는 값은 HIGH와 LOW입니다.

digitalWrite(LED_BUILTIN, HIGH);는 LED_BUILTIN(내장 LED)에 HIGH 신호를 보내라는 뜻입니다.

delay(ms);

delay() 함수는 다른 코드를 실행하지 않고 대기하는 기능을 하며, 괄호 안의 시간 동안 대기합니다. 단위는 ms를 사용하므로 1000이 1초가 됩니다.

digitalWrite(LED_BUILTIN, HIGH); 아래에 delay(1000);을 작성하면 LED를 켜고 1초를 대기하라는 코드이므로 1초 동안 켜진 것처럼 보입니다.

그 후에 digitalWrite(LED_BUILTIN, LOW);라고 작성하게 되면 LED가 꺼지고 delay(1000);이므로 꺼진 상태로 1초 동안 대기하게 됩니다. 결과적으로 1초 간격으로 깜박이는 LED를 볼 수 있습니다.

① 스케치 프로그램 설치

틴커캐드에서는 온라인에서 부품을 가져와 코드를 작성하고, 작성한 코드를 별다른 프로그램 없이 실행할 수 있었습니다. 실제 아두이노 보드에 프로그래밍하기 위해서는 아두이노에서 제공하는 통합 IDE인 '스케치(Sketch)'를 설치해야 합니다.

구글에서 'arduino'라고 검색하고, 맨 위의 'Arduino - Home'이라고 쓰인 링크를 클릭합니다.

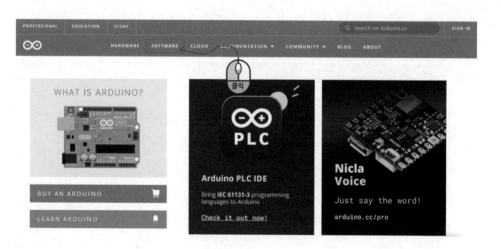

상단 왼쪽에서 두 번째에 있는 'SOFTWARE'를 클릭합니다.

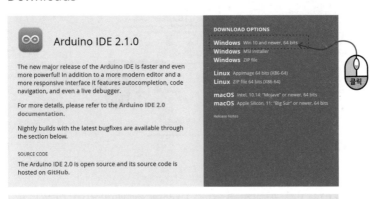

그다음 자신이 사용하는 컴퓨터의 운영체제에 맞는 다운로드 옵션을 선택하고 다운로드
합니다. 여기서는 window로 설치합니다.

다음 화면에는 'JUST DOWNLOAD'와 'CONTRIBUTE & DOWNLOAD'가 있습니다.

그냥 다운로드 하려면 'JUST DOWNLOAD'를 클릭하면 되고, 후원하고 다운로드 하려
면 'CONTRIBUTE & DOWNLOAD'를 클릭합니다.

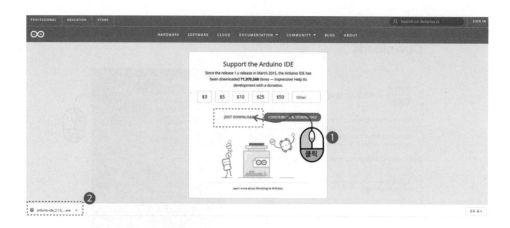

'JUST DOWNLOAD'를 클릭하면 왼쪽 아래에 실행 파일이 다운로드 됩니다(크롬 기준). 실행 파일 다운로드가 완료되면 클릭하여 파일을 실행합니다.

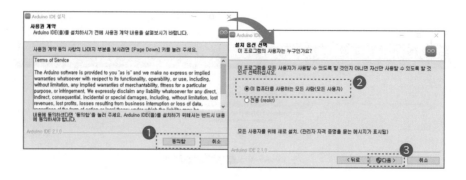

실행 파일을 실행한 후 오른쪽 아래의 '동의함' 버튼을 클릭합니다. 설치옵션은 모든 사용자를 선택합니다.

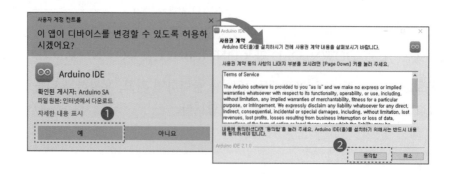

Arduino IDE를 사용 할 수 있도록 '예'을 선택하고 사용권 계약의 '동의함' 버튼을 클릭합니다.

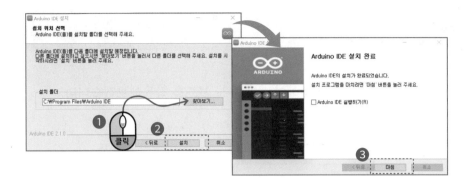

'찾아보기...'를 클릭해서 파일을 저장할 위치를 정합니다. 따로 바꿀 필요가 없다면 오른쪽 아래의 '설치'를 클릭합니다.

설치가 끝나면 오른쪽 아래의 '마침'를 클릭합니다.

```
sketch_01 | Arduino IDE 2.1.0                                    —   □   ×
파일(F)  편집  스케치  도구  도움말

         보드 선택                    ▼                            ∿  ·○·

    sketch_01.ino                                                       ...
    1   void setup() {
    2     // put your setup code here, to run once:
    3
    4   }
    5
    6   void loop() {
    7     // put your main code here, to run repeatedly:
    8
    9   }

                                          Arduino Uno COM3 켜기   ▢  ▱
```

'마침'를 클릭한 후 스케치 프로그램을 실행하고 '파일' - '기본설정'을 선택하여 자신의 환경에 맞도록 수정합니다. 스케치 프로그램의 메뉴중 '스케치', '도구' 메뉴 버튼은 뒤에서 기능을 다룰 때 설명하겠습니다.

이번에는 스케치 프로그램을 이용하여 실제 우노 보드를 작동해보겠습니다.

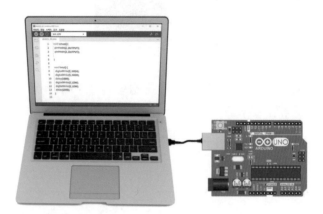

우노 보드와 PC를 케이블로 연결합니다.

```
sketch_01 | Arduino IDE 2.1.0                                    —  □  ×
파일(F)  편집  스케치  도구  도움말

        보드 선택                ▼                              ∿  ⊙

sketch_01.ino                                                      ...
  1  void setup() {
  2    pinMode(13, OUTPUT);
  3  }
  4
  5  void loop() {
  6    digitalWrite(13, HIGH);
  7    delay(1000);
  8    digitalWrite(13, LOW);
  9    delay(1000);
 10  }
                                        Arduino Uno COM3 켜기   ◌  ⊟
```

스케치에 그림과 같이 코드를 작성합니다. 코드는 앞에서 설명한 틴커캐드와 같습니다.

한 가지 다른 점은 우노 보드에 내장된 LED가 디지털 13번 핀과 연결되어 있으므로 실제 부품을 이용할 때는 LED_BUILTIN 대신 13번 핀을 이용해서 코드를 작성합니다.

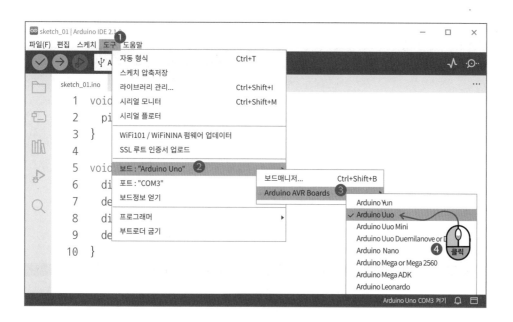

코드 작성이 끝나면 상단 메뉴바의 '도구'를 클릭하고, 보드가 'Arduino Uno'를 체크합니다. 사용할 보드가 우노 보드가 아닌 다른 보드라면 사용하려는 보드를 체크합니다.

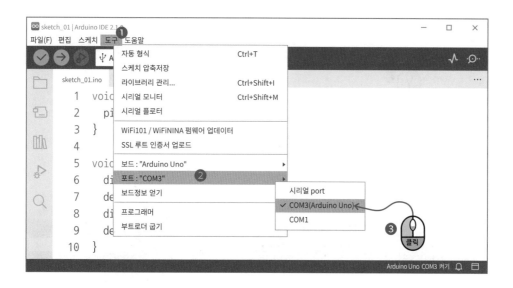

그다음에는 포트를 연결해야 합니다. 보드를 "Arduino Uno"로 선택합니다. 포트에 마우스를 올리면 오른쪽에 연결된 포트들이 나옵니다. 그중에 소괄호 안에 'Arduino Uno'라고 쓰인 포트를 선택합니다. 포트 번호는 컴퓨터마다 다르게 나옵니다. 그림에서는 COM3이라고 되어있지만, 3이라는 숫자는 다를 수 있습니다.

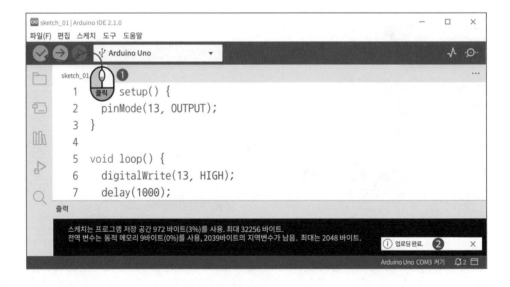

```
sketch_01 | Arduino IDE 2.1.0                              —  □  ×
파일(F)  편집  스케치  도구  도움말

      ⟋ Arduino Uno            ▼                          ∿  ·𝒪·

sketch_01.ino                                                ···
   1   void setup() {
   2     pinMode(13, OUTPUT);
   3   }
   4
   5   void loop() {
   6     digitalWrite(13, HIGH);
   7     delay(1000);
   8     digitalWrite(13, LOW);
   9     delay(1000);
  10   }

                                        Arduino Uno COM3 켜기  ⌂ ▭
```

포트 연결 후에 메뉴 바의 '파일'과 '편집' 아래에 있는 버튼을 알아보겠습니다.

왼쪽의 체크 모양은 내가 작성한 코드에 문법적인 오류가 없는지 확인하는 버튼입니다.
오른쪽의 화살표 모양은 우노 보드에 업로드 하는 버튼입니다.

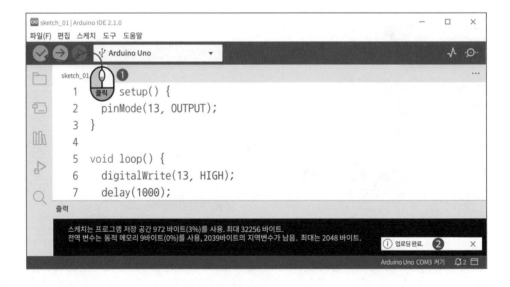

바로 업로드 버튼을 클릭해도 되고, 먼저 체크 모양을 눌러 문법적인 오류가 있는지 확인
한 후에 업로드 버튼을 클릭해도 됩니다.

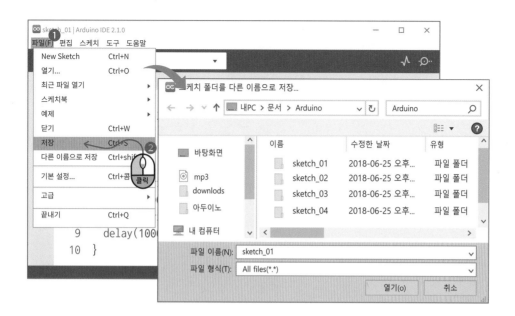

업로드 버튼을 클릭하면 파일을 저장할 것인지를 묻는 창이 열립니다.

파일을 저장하지 않아도 우노 보드에 업로드 할 수 있습니다. 테스트하는 코드라서 따로 저장할 필요가 없다면 저장하지 않아도 됩니다.

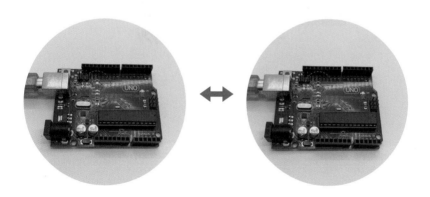

코드를 업로드 하면 우노 보드 디지털 13핀 옆에 있는 LED가 1초 간격으로 깜박입니다.

이 책은 틴커캐드로 회로를 구성하고 코드를 작성한 후에 스케치로 넘어와 실제 부품으로 작동하는 방식으로 구성되어 있습니다.

부품이 없는 분들은 틴커캐드 부분만 보고 따라 해도 되지만 인터넷으로 작동시킬 때와 다르게 실제 부품으로 작동시킬 때는 다양한 변수들이 있습니다. 가능하면 틴커캐드로 작동해보고 실제 부품으로도 따라서 작동해보는 것이 학습에 더 효과적입니다.

LED는 'Light Emitting Diode'의 약자로 '발광 다이오드'라고 부릅니다. 저전압에서도 작동되므로 다른 발광체에 비해 오랫동안 사용할 수 있습니다.

LED는 극성이 있어서 +극에는 +를, -극에는 -를 연결해야 빛을 낼 수 있습니다. 그러면 LED의 +극과 -극은 어떻게 구별할까요?

이 장의 목표

❶ LED의 구조와 원리 알기
❷ LED에 필요한 저항 알아보기
❸ 코드를 작성하여 LED 작동시키기
❹ 브레드보드 알아보기

1.1 LED의 구조와 원리 알기

LED에서 빛을 내는 부분을 자세히 보면 아래의 그림과 같이 'ㅣ' 와 'ㄱ'의 부분이 있습니다. 'ㅣ' 와 연결된 곳이 +극이고, 'ㄱ'와 연결된 곳이 -극입니다. 하지만 LED의 극을 확인할 때마다 매번 보기에는 불편하므로, 보통은 LED의 다리 길이를 이용하여 구분합니다.

그림과 같이 긴 다리가 +극이고, 짧은 다리가 -극입니다.

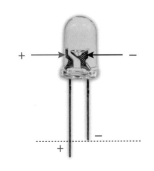

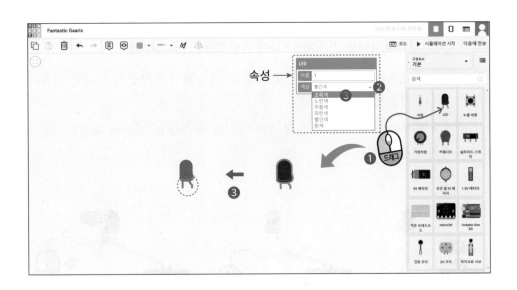

틴커캐드에서 LED를 가져옵니다. LED는 부품 목록의 위쪽에 있습니다. 부품 목록에는 빨간색 LED이지만, 가져온 LED를 클릭하면 색깔을 바꿀 수 있습니다.

LED를 클릭하면 오른쪽 위에 아래 그림과 같이 '속성'이 나옵니다. '속성'에서 원하는 색깔로 바꾸면 됩니다.

틴커캐드의 LED는 위에서 봤던 LED와 다리 모양이 조금 다릅니다. 왜냐하면, 나중에 '브레드보드'라는 곳에 LED를 꽂게 되는데 두 다리 길이가 다르면 옆으로 기울어진 상태로 꽂게 되기 때문입니다. 그래서 틴커캐드에서는 구부러진 다리를 +극으로, 일자로 된 다리를 -극으로 표현합니다. '실제 LED에서 +극의 다리 길이가 길었으니 긴 다리를 구부러뜨렸다'라고 이해하면 됩니다.

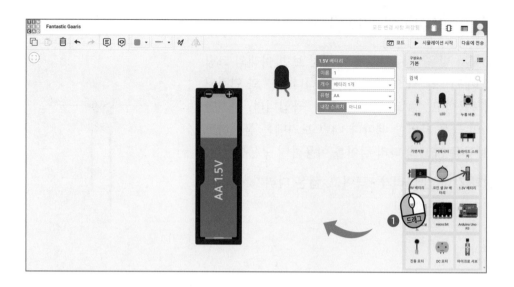

부품목록 중에 1.5V 배터리를 가져와 LED에 연결해보겠습니다.

배터리 위쪽에 빨간색 부분과 검은색 부분이 있습니다. 빨간색 부분은 +극(양극)을, 검은색 부분은 -극(음극)을 담당합니다.

배터리 빨간색 부분(+극)을 LED의 구부러진 다리와 연결하고, 검은색 부분(-극)을 LED의 일자 다리와 연결합니다.

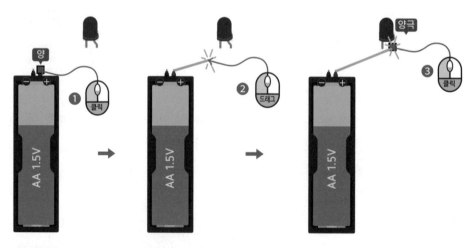

❶ 빨간색 부분을 마우스로 클릭

❷ 마우스를 움직이면 전선 생성

❸ 원하는 곳에 다시 마우스를 클릭하여 연결

탄커캐드에서 배터리와 LED는 그림의 순서에 따라 연결합니다.

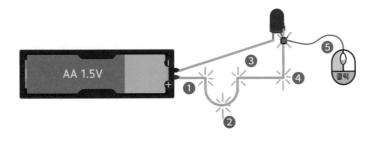

만약 중간에 전선을 꺾고 싶으면 꺾고 싶은 위치를 클릭하여 꺾을 수 있습니다.

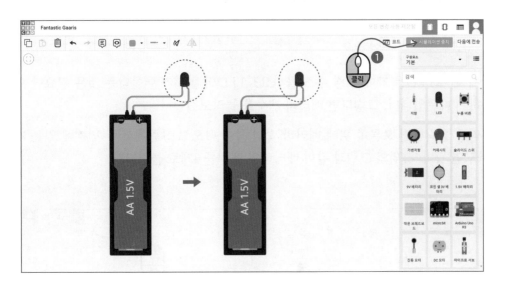

선을 다 연결한 후에는 오른쪽 위의 '시뮬레이션 시작'을 클릭합니다.

위의 왼쪽 그림은 시뮬레이션을 하지 않은 상태이고, 오른쪽은 시뮬레이션을 시작한 상태입니다. 언뜻 보면 차이가 나지 않지만 자세히 보면 오른쪽 그림의 LED가 약하게 켜진 것을 확인할 수 있습니다.

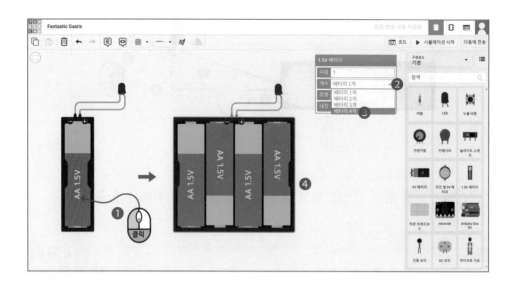

어떻게 해야 LED를 제대로 켤 수 있을까요? LED의 밝기가 어둡다는 것은 필요한 힘이 부족하기 때문입니다. 그렇다면 배터리 개수를 늘려보겠습니다.

배터리를 클릭하면 오른쪽 위에 배터리 속성 창이 나오고 그중에서 두 번째에 있는 개수를 바꾸면 됩니다. 위의 그림과 같이 배터리의 개수를 4개로 늘립니다.

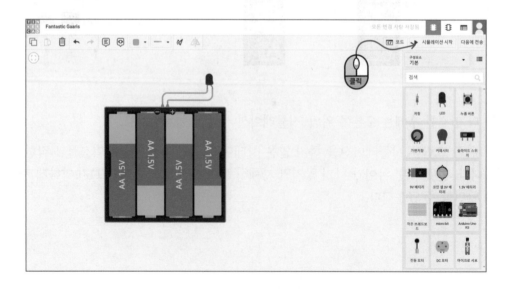

배터리 개수를 4개로 늘린 후에, 오른쪽 위의 '시뮬레이션 시작' 버튼을 클릭합니다.

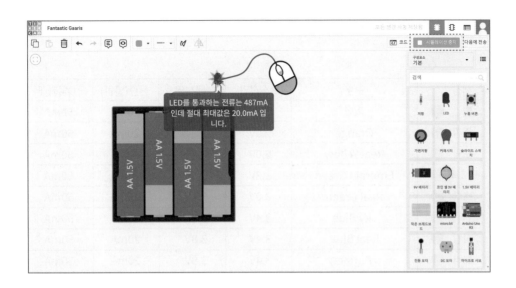

LED가 어떻게 되었을까요? LED를 보고 '잘 켜졌네?' 라고 생각할 수도 있겠지만 그림에서의 LED는 터진 상태입니다. 무슨 이유로 터졌는지 LED에 마우스를 올려봅니다.

마우스를 LED에 올리면 'LED를 통과하는 전류는 487㎃인데 절대 최댓값은 20.0㎃입니다.'라는 말풍선이 나옵니다. ㎃는 전류의 단위인데, LED에 필요한 전류보다 많은 양의 전류가 흘러서 LED가 터진 것입니다.

1.2 LED에 필요한 저항 알아보기

LED나 다른 부품을 제대로 사용하려면 부품에 필요한 전류의 양 만큼 흐르게 해야 합니다. 여기서 알아야 할 법칙이 하나 있는데 바로 '옴의 법칙'입니다.

옴의 법칙이란?

'도체에 흐르는 전류는 전압에 비례하고 저항에 반비례한다.'로 I(전류) = V(전압)/R(저항)이라는 식으로 나타낼 수 있습니다. 이 식을 이용하여 저항, 전압, 전류 셋 중에서 두 가지만 알면 나머지 하나를 구할 수 있습니다.

옴의 법칙을 이용하여 저항을 구해보겠습니다.

색상	구분	최소전압	최대전압	전류(일반)	전류(최대)
빨강 ●	Red	1.8V	2.3V	20mA	50mA
주황 ●	Orange	2.0V	2.3V	20mA	50mA
노랑 ●	Real Yellow	2.0V	2.8V	20mA	50mA
연초록 ●	Emerald Green	1.8V	2.3V	20mA	50mA
초록 ●	Real Green	3.0V	3.6V	20mA	50mA
연파랑 ●	sky Blue	3.4V	3.8V	20mA	50mA
파랑 ●	Real Blue	3.4V	3.8V	20mA	50mA
보라 ●	Purple	3.4V	3.8V	20mA	50mA
흰색 ○	White	3.4V	4.0V	20mA	50mA

저항을 구하기 전에 먼저 확인해야 할 것은 우리가 사용할 부품인 LED가 어느 정도의 전압과 전류를 필요로 하는지 알아야 합니다.

빨간색 LED는 최소전압이 1.8V이고 전류는 20mA가 필요합니다.

필요한 정보들을 알아보았으니 LED에 필요한 저항값을 구해보겠습니다. LED 권장 저항값을 구하는 공식은 다음과 같습니다.

$$저항값(R) = \frac{(입력전압 - 최소전압)(V)}{(전류(I))}$$

먼저 전압을 구해볼까요? 전압은 우리가 쓰는 배터리의 6V(입력전압) – 1.8V(최소전압)를 해서 4.2V가 됩니다. 전류는 20mA이니까 0.02A가 되고 4.2/0.02를 하면 저항값이 210이 나옵니다.

구한 저항을 이용해서 LED에 연결해보겠습니다. 다른 LED를 쓴다면 위의 표를 참고하여 계산하고 사용하면 됩니다.

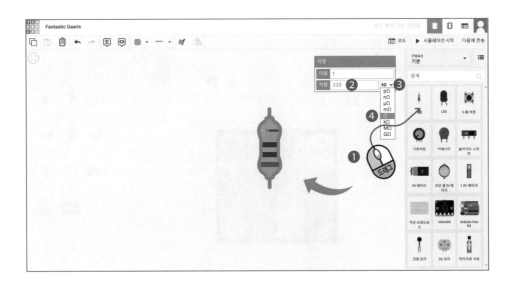

틴커캐드 부품 목록의 LED 왼쪽에 있는 레지스터(저항)를 드래그&드롭 하여 회로 화면으로 가져옵니다. '저항' 옆의 숫자를 210으로 바꾸고, 단위를 kΩ에서 Ω으로 바꿉니다.

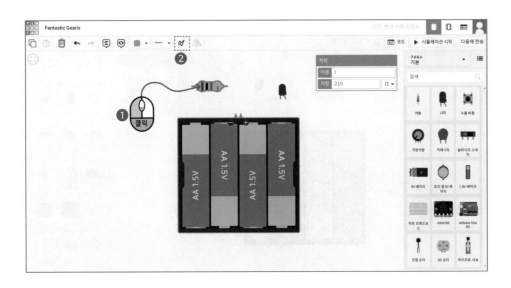

틴커캐드의 '회전' 기능을 이용하여 가로로 연결해보겠습니다.

빨간색 네모 안에 있는 버튼을 누르면 각각의 부품들이 시계방향으로 회전합니다. 한 번에 30도씩 회전하므로 3번 클릭하여 가로로 만듭니다.

전자회로 기초 학습하기

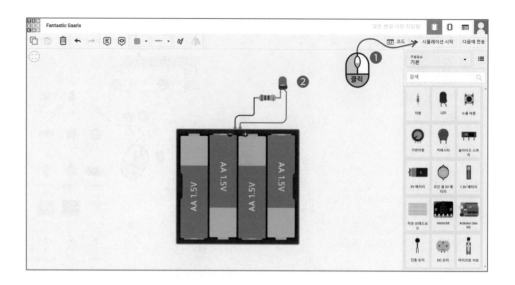

레지스터를 회전한 후에 LED의 짧은 다리(-극) 쪽에 저항을 연결합니다. 그 후에 '시뮬레이션'을 클릭하면 LED가 잘 켜지는 것을 확인할 수 있습니다.

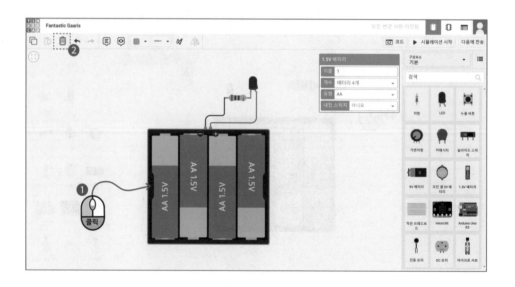

우노 보드와 LED를 연결하여 사용해보겠습니다. 배터리를 클릭하고 백스페이스 또는 delete 버튼을 누르거나 왼쪽 상단의 휴지통 버튼을 눌러 삭제합니다.

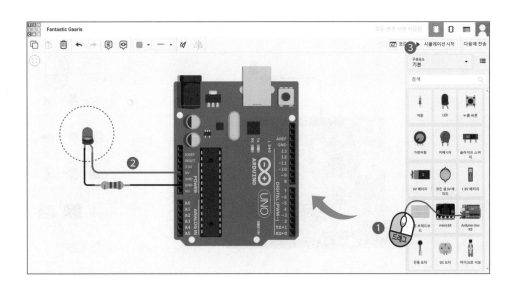

우노 보드를 가져와 아래쪽 POWER 부분 5V에 LED의 긴 다리(+)를 , 5V 옆의 GND에
는 LED의 짧은 다리(-)와 연결된 저항과 연결합니다. '시뮬레이션 시작'을 클릭하면 LED
가 잘 켜지는 것을 볼 수 있습니다.

실제 키트에 있는 LED를 사용할 때는 우리가 계산한 값의 저항을 구하기가 쉽지 않으므
로 220Ω을 사용합니다.

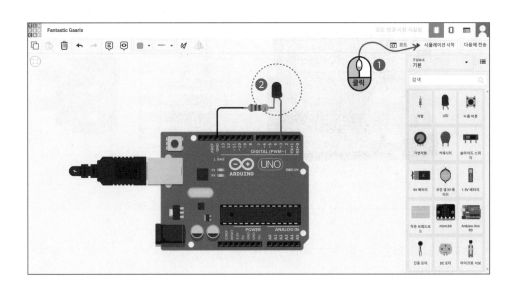

이번에는 5V 대신 디지털 3핀에 연결하고 '시뮬레이션 시작'을 누르면 LED가 어떻게 될
까요? LED가 위의 그림처럼 켜지지 않습니다. 왜냐하면 우노 보드에 LED와 연결된 디
지털 3핀에 '켜짐' 신호를 보내라는 코드를 작성하지 않았기 때문입니다.

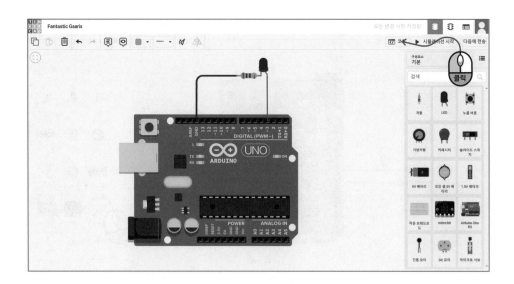

LED를 켜기 위해 '시뮬레이션 시작' 왼쪽의 '코드'를 클릭하고 코드를 작성합니다.

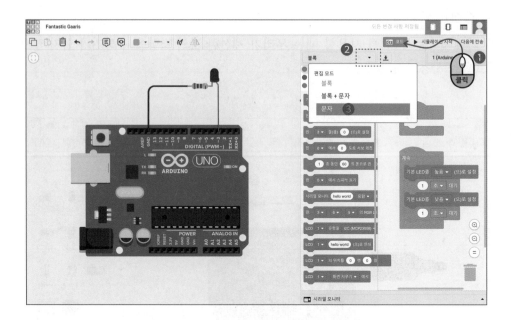

'코드'를 클릭하면 나오는 창에는 편집모드로 '블록', '블록+문자', '문자'가 있습니다.
'문자'를 선택합니다.

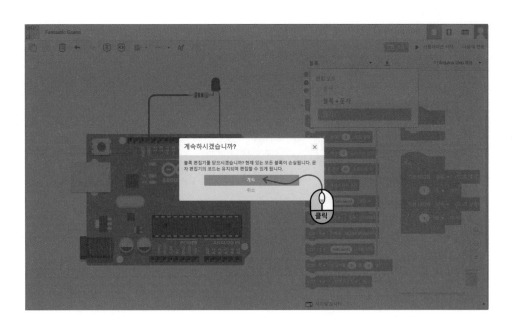

문자를 선택하면 '계속하시겠습니까?'라는 팝업 창이 나옵니다. 블록 코드에서 텍스트 코드로 바꾸는 것이라서 블록이 없어진다는 내용이므로 '계속'을 클릭하면 됩니다.

1.3 digitalWrite()를 이용하여 LED 작동하기

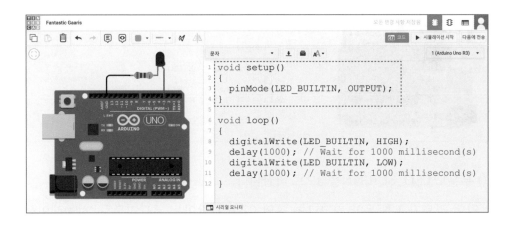

setup() 부분의 pinMode() 함수는 디지털 핀의 모드를 설정하는 함수입니다. 첫 번째 인자 값으로 핀 번호가 들어가고, 두 번째 인자 값으로 입/출력을 설정할 수 있습니다.

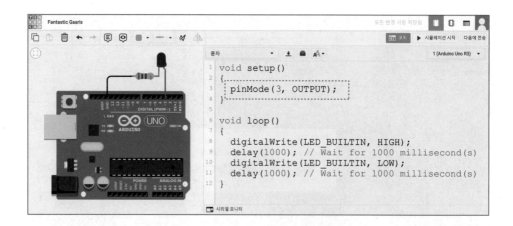

디지털 3번 핀에 LED를 연결했으므로 LED_BUILTIN 대신에 3으로 바꾸겠습니다.

digitalWrite(핀 번호, 값);

digital은 0(LOW)과 1(HIGH) 두 가지 값만 표현할 수 있습니다.

digitalWrite(3, HIGH);는 '3번 핀에 HIGH(켜짐) 신호를 보낸다'라는 코드입니다. 중요한 점은 반드시 pinMode를 설정해야 LED가 작동합니다.

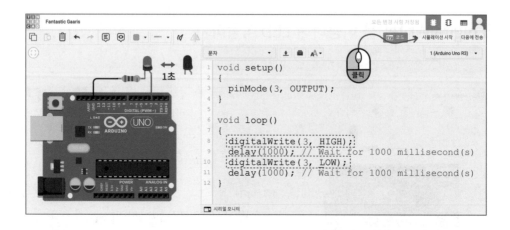

loop() 부분도 LED_BUILTIN을 3으로 바꿉니다.

원래 있던 코드가 1초 동안 켜고 1초 동안 끄는 깜박이는 코드이므로 '시뮬레이션 시작'을 누르면 작성한 코드대로 1초 동안 LED가 켜지고 1초 후에 꺼지는 것을 볼 수 있습니다.

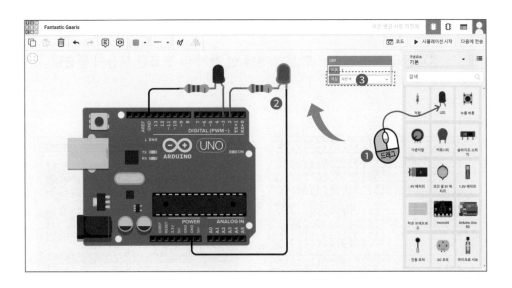

파란색 LED를 하나 더 연결해보겠습니다. LED를 연결하는 디지털 핀은 어느 핀을 사용하든 상관없습니다.

LED를 하나 더 추가하여 디지털 2번 핀과 연결하고 LED를 클릭하면 오른쪽 위에 LED 색깔을 바꿀 수 있는 속성 창이 나오는데 여기서 LED 색깔을 바꿀 수 있습니다.

```
1  void setup()
2  {
3    pinMode(2, OUTPUT);
4    pinMode(3, OUTPUT);
5  }
6
7  void loop()
8  {
9    digitalWrite(2, HIGH);
10   digitalWrite(3, HIGH);
11   delay(1000); // Wait for 1000 millisecond(s)
12   digitalWrite(2, LOW);
13   digitalWrite(3, LOW);
14   delay(1000); // Wait for 1000 millisecond(s)
15 }
```

파란색 LED를 연결하고 코드를 작성해보겠습니다. 아래와 같이 두 개의 LED가 같이 켜지고 같이 꺼지는 코드를 작성합니다.

코드는 위에서 아래로 실행되므로 정확하게 동시에 작동한다고 할 수는 없지만, 눈으로 보기에는 같이 켜지는 것처럼 보입니다.

1.4 브레드보드 알아보기

틴커캐드의 결과물을 실제 키트로 만들기 전에 한 가지 더 필요한 부품이 있습니다. 바로 '브레드보드'입니다.

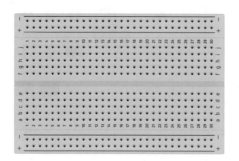 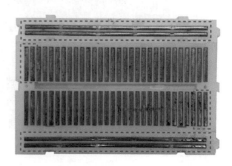

위의 이미지가 브레드보드인데 전선끼리 연결할 때 사용합니다. 브레드보드의 뒷면을 보면 전선이나 저항을 꽂으면 서로 연결되게 되어 있습니다.

특별한 점은 맨 위쪽과 아래쪽은 가로로 연결되어 있고, 가운데는 세로로 연결되어 있습니다. 그래서 맨 위와 아래쪽은 주로 전원부를 연결하고 가운데 부분은 각종 부품이나 센서를 연결합니다.

틴커캐드에는 '작은 브레드보드'로 표기되어 있습니다.

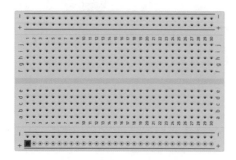 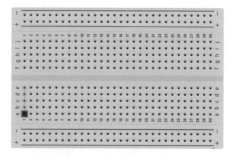

틴커캐드에서 브레드보드를 가져오고 맨 위쪽이나 아래쪽의 핀에 마우스를 올리면 초록색으로 연결된 표시를 볼 수 있습니다. 또한, 가운데 부분은 세로로 연결되었다는 표시를 확인할 수 있습니다.

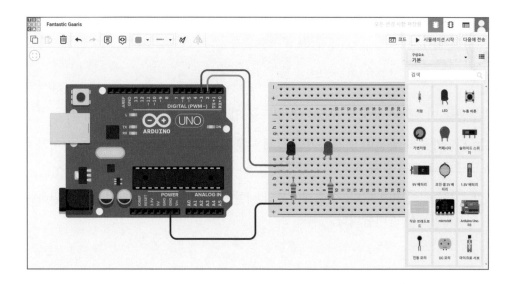

브레드보드를 가져와 전에 만들었던 LED를 브레드보드에 연결합니다.

저항도 LED와 전선을 연결할 수 있으므로 -쪽에는 저항만 이용해서 GND와 연결합니다.

30핀	180핀	400핀

브레드보드는 크기에 따라 다양한 종류가 있습니다. 만드려는 작품에 따라 적절한 브레드보드를 선택해 사용하면 됩니다.

실제 부품을 이용하여 회로를 구성하고 코드를 업로드하여 실행해보겠습니다.

회로는 틴커캐드와 똑같이 연결하지만 실제 부품의 크기와 준비된 케이블의 길이가 다를 수 있으므로 그 부분은 유동적으로 연결하면 됩니다.

필요한 부품들을 준비합니다. 수수케이블의 색깔은 어떤 것이든 상관없으므로 원하는 색깔의 수수케이블을 준비합니다.

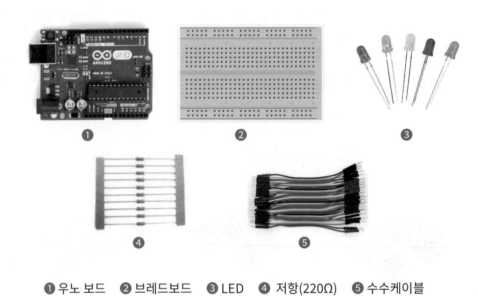

❶ 우노 보드　❷ 브레드보드　❸ LED　❹ 저항(220Ω)　❺ 수수케이블

필요한 부품을 준비하던 중에 궁금증이 생깁니다. '저항은 여러 개인데 어떻게 저항값을 알 수 있지?' 저항값은 저항에 있는 색상 띠를 이용하여 구할 수 있습니다. 저항에 따라서 4색 저항이 있고 5색 저항이 있습니다. 우리가 사용하는 4색 저항을 읽는 법에 대해서 알아보겠습니다.

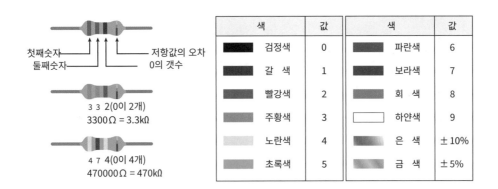

색	값	색	값
검정색	0	파란색	6
갈 색	1	보라색	7
빨강색	2	회 색	8
주황색	3	하얀색	9
노란색	4	은 색	±10%
초록색	5	금 색	±5%

왼쪽부터 첫 번째는 십의 자릿값, 두 번째는 일의 자릿값을 나타냅니다.

첫 번째 띠의 색깔이 빨간색(2), 두 번째 띠의 색깔이 빨간색(2)이므로 22라는 값을 구합니다. 그리고 세 번째는 0의 개수 또는 십의 몇 제곱인지를 뜻합니다.

갈색이므로 0의 개수가 1개 또는 10의 1제곱을 곱하라는 뜻이므로 220이 저항값이 됩니다. 네 번째 띠는 오차 값을 뜻합니다.

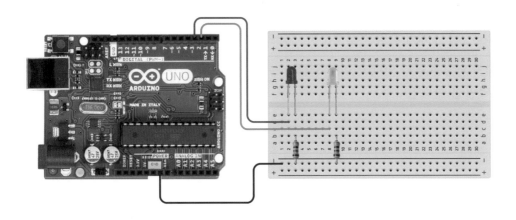

그림처럼 회로를 완성합니다. LED와 케이블을 꽂는 위치는 틴커캐드와 같지만, 실제 부품은 틴커캐드에서 사용하는 것과 달리 불량 또는 틴커캐드에서 확인하지 못한 상황이 발생할 수 있어 꼭 테스트를 해야 합니다.

회로를 완성한 후에 파란색 USB 케이블을 이용하여 우노 보드와 연결합니다.

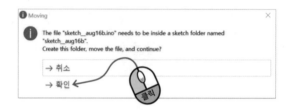

```
1  void setup()
2  {
3    pinMode(2, OUTPUT);
4    pinMode(3, OUTPUT);
5  }
6
7  void loop()
8  {
9    digitalWrite(2, HIGH);
10   digitalWrite(3, HIGH);
11   delay(1000); // Wait for 1000 millisecond(s)
12   digitalWrite(2, LOW);
13   digitalWrite(3, LOW);
14   delay(1000); // Wait for 1000 millisecond(s)
15 }
```

스케치 코드는 틴커캐드에서 사용한 것을 그대로 작성합니다.

작성에 시간이 오래 걸릴 것 같으면 위의 빨간색 상자의 아이콘을 클릭해 코드를 다운로드 합니다.

다운로드한 스케치 파일을 실행하면 아래와 같은 팝업 창이 나타납니다.

스케치 파일은 폴더 안에 있어야 실행할 수 있으므로 폴더를 생성할 것인지 묻는 창이므로 '확인'을 클릭합니다.

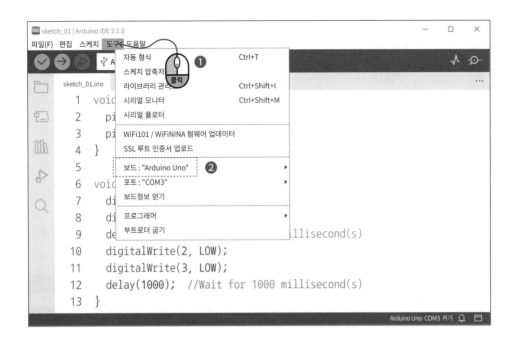

스케치 코드가 완성되었으면 오른쪽 상단의 '툴(도구)'을 클릭하고 아래와 같이 보드가
'Arduino Uno'로 설정되었는지 확인합니다.

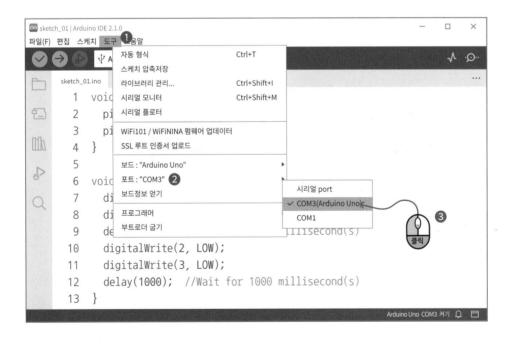

'Arduino Uno'를 선택하고 아래의 '포트'를 클릭해서 포트를 연결합니다.

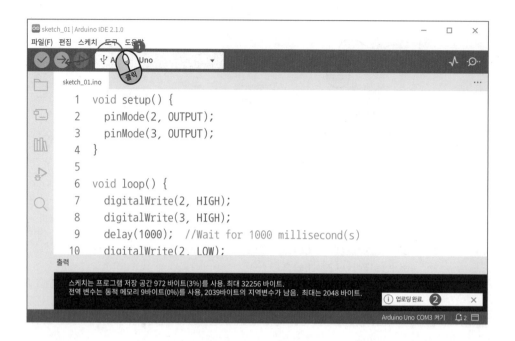

보드와 포트의 설정을 마치면 업로드 버튼(오른쪽 화살표 모양)을 클릭해 보드에 업로드합니다. '업로딩 완료'라고 표시되면 보드에 정상적으로 업로드된 것입니다.

업로드가 완료되면 보드가 우리가 작성한 코드를 가지고 있습니다. 전원만 공급해주면 계속해서 코드를 반복 실행합니다.

업로드를 완료하고 보드에 전원을 공급하면 아래 그림과 같이 빨간색 LED와 초록색 LED가 동시에 깜빡입니다.

 **한 단계 더!**

3개의 LED를 사용해서 신호등을 만들고 loop 함수 안에 코드를 완성하세요.

· 아래 표를 보고 LED를 연결합니다.

· 1초마다 빨간색, 노란색, 초록색 LED 순으로 켜집니다.

· 한 LED가 켜지면 다른 LED는 꺼집니다. (예 : 빨간색 LED가 켜지면, 노란색, 초록색 LED는 꺼집니다.)

디지털 2번 핀	빨간색 LED
디지털 3번 핀	노란색 LED
디지털 4번 핀	초록색 LED

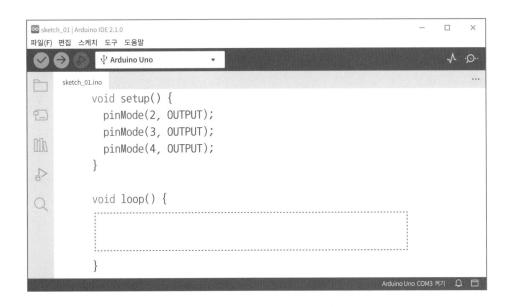

```
void setup() {
  pinMode(2, OUTPUT);
  pinMode(3, OUTPUT);
  pinMode(4, OUTPUT);
}

void loop() {

}
```

❷ RGB LED

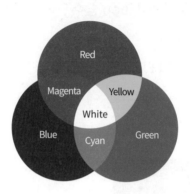

RGB LED는 Red, Green, Blue 세 가지 빛을 낼 수 있는 LED입니다.

그런데 왜 하필 RGB일까요? 그 이유는 RGB 세 가지 색만 있으면 모든 빛의 색을 표현할 수 있기 때문입니다. 이것을 빛의 3원색이라고 합니다.

이 장의 목표

❶ RGB LED의 구조 알기

❷ PWM 알아보기

❸ 코드를 작성하여 RGB LED 작동시키기

❹ RGB LED를 이용하여 잇플봇 컬러 만들어보기

❺ RGB LED 모듈 사용해보기

2.1 RGB LED의 구조 알기

이번에 사용할 부품은 그림과 같은 RGB LED입니다.

왼쪽 첫 번째를 제외하고 나머지는 RGB LED 모듈이므로 모듈에 쓰인 대로 연결만 하면
사용할 수 있습니다.

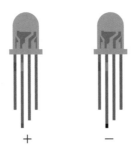

모듈이 아닌 RGB LED는 유심히 살펴보아야 할 점이 하나 있습니다.

RGB LED는 왼쪽에서 두 번째 다리에 5V가 연결되는 에노드 타입(왼쪽 그림)이 있고,
GND가 연결되는 캐소드 타입(오른쪽 그림)이 있습니다. 그래서 어떠한 방식인지 잘
확인하고 구매를 해야 합니다.

우리가 사용할 RGB LED는 캐소드 타입입니다.

2.2 PWM 알아보기

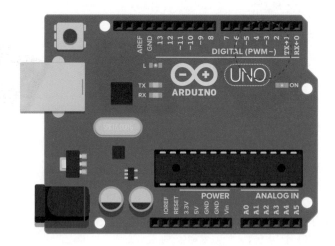

RGB LED는 디지털 핀 중에서 ~ 표시가 된 디지털 핀에 연결합니다.

우노 보드에서 DIGITAL이라고 쓰인 부분 오른쪽을 보면 (PWM~)이라고 되어 있습니다. ~ 표시가 무슨 의미일까요? 핀 번호에 '~'가 있으면 그 디지털 핀은 PWM을 사용할 수 있다는 의미입니다.

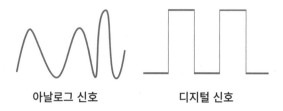

아날로그 신호   디지털 신호

PWM은 'Pulse Width Modulation'의 약자로 '펄스 폭 변조'라는 의미입니다.

결론부터 말하자면 우노 보드에서는 아날로그값은 입력만 받을 수 있고 출력하지 못합니다. 그래서 디지털 신호의 펄스 폭을 변조해 아날로그값처럼 흉내 내는 것입니다. 그러면 어떻게 아날로그처럼 흉내 낼 수 있을까요?

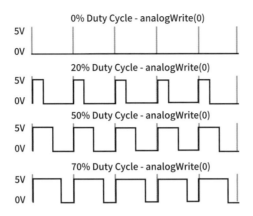

PWM 핀들은 그림처럼 펄스의 폭, 그러니까 On/Off의 비율을 조절하여 아날로그를 흉내 낼 수 있어서 다양한 값을 만들어 낼 수 있습니다.

예를 들어, LED의 On/Off의 주기를 50:50으로 하고 이것을 빠르게 반복하면 우리 눈에는 절반의 밝기처럼 보입니다. 그래서 이 PWM을 이용하면 LED 밝기나 모터의 속도 등을 조절할 수 있습니다.

 RGB LED를 작동하는 데 왜 PWM을 알아야 할까요? 빛의 3원색인 RGB를 조합하면 모든 빛의 색을 표현할 수 있습니다. 하지만 디지털 신호는 1과 0만 있으므로 색을 섞거나 섞지 않거나 둘 중 하나밖에 하지 못합니다.

1:1:1 비율로 하면 Magenta, Yellow, Cyan, White 색만 표현할 수 있습니다. RGB의 비율을 달리하기 위해 PWM을 사용해보겠습니다.

2.3 코드를 작성하여 RGB LED 작동하기

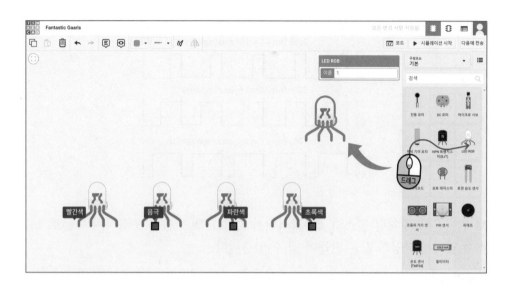

틴커캐드에서 우노 보드, 브레드보드, RGB LED, 220Ω 저항을 가져와 회로를 구성합니다.

틴커캐드에서 RGB LED는 왼쪽부터 첫 번째에 R, 세 번째에 B, 네 번째에 G이므로 이 순서로 연결하면 코드를 작성할 때 RBG가 되어 혼동하기 쉽습니다.

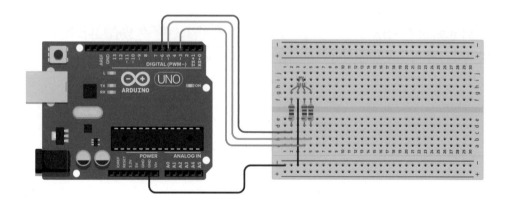

RGB LED를 연결할 때 PWM을 사용할 수 있는 6, 5, 3핀을 사용합니다. 6핀-R, 5핀-G, 3핀-B와 연결하여 6, 5, 3 순서대로 R, G, B가 되게 회로를 연결합니다.

회로 연결을 마치면 '코드'를 눌러 코드를 작성합니다.

앞에서 LED를 켜기 위해 digitalWrite() 함수를 사용했습니다. PWM으로 되어 있어도 digitalWrite()를 써서 작동시킬 수도 있지만, digital은 0과 1의 값만 표현하므로 0~255 사이의 값을 표현할 수 없습니다. 그래서 이번에는 analogWrite() 함수를 사용합니다.

analogWrite(핀 번호, 값);

디지털 핀은 입/출력 둘 다 가능하므로 pinMode를 설정하지 않으면 제대로 실행되지 않습니다. setup() 함수에 pinMode를 설정합니다.

pinMode 설정 후에 R, G, B의 색이 순서대로 켜지는 코드를 작성합니다. 각각의 색이 변경되는 간격은 2초입니다.

```
void setup()
{
  pinMode(6, OUTPUT);
  pinMode(5, OUTPUT);
  pinMode(3, OUTPUT);
}

void loop()
{
  analogWrite(6,255);
  delay(2000);
  analogWrite(5,255);
  delay(2000);
  analogWrite(3,255);
  delay(2000);
}
```

그림과 같이 코드를 작성하고 '시뮬레이션 시작'을 클릭합니다.

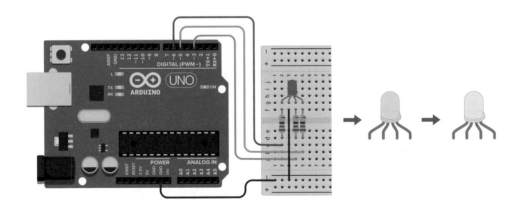

그림은 R→G→B로 켜지는 것을 예상하고 작성한 위의 코드를 실행시켰을 때의 결과입니다. 예상과는 달리 Red→Yellow→White 색을 나타냅니다.

왜 이런 결과가 나왔을까요? 그 이유는 10번 줄에서 6번 핀(Red)을 켠 다음에 12번 줄(Green)이 실행할 때, 6번 핀(Red)을 끄라는 명령이 없어 Red와 Blue가 섞여 Yellow가 나온 것입니다.

White도 마찬가지로 14번 줄(Blue)이 실행할 때, Red와 Green을 끄라는 명령이 없어 3가지의 색이 모두 섞여 White가 나온 겁니다.

R→G→B 순서대로 LED를 켜려면 어떻게 해야 할까요? 내가 원하는 색을 표현할 때는 다른 색과 연결된 핀들의 값을 0으로 해주어야 합니다.

```
1   void setup()
2   {
3     pinMode(6, OUTPUT);
4     pinMode(5, OUTPUT);
5     pinMode(3, OUTPUT);
6   }
7
8   void loop()
9   {
10    analogWrite(6,255); // Red
11    analogWrite(5,0);
12    analogWrite(3,0);
13    delay(2000);
14    analogWrite(6,0);
15    analogWrite(5,255); // Green
16    analogWrite(3,0);
17    delay(2000);
18    analogWrite(6,0);
19    analogWrite(5,0);
20    analogWrite(3,255); // Blue
21    delay(2000);
22  }
```

2.4 RGB LED를 이용하여 잇플 봇 컬러 만들기

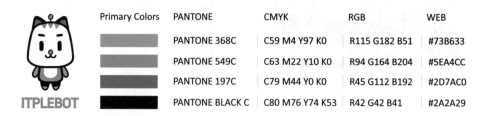

	Primary Colors	PANTONE	CMYK	RGB	WEB
		PANTONE 368C	C59 M4 Y97 K0	R115 G182 B51	#73B633
		PANTONE 549C	C63 M22 Y10 K0	R94 G164 B204	#5EA4CC
		PANTONE 197C	C79 M44 Y0 K0	R45 G112 B192	#2D7AC0
		PANTONE BLACK C	C80 M76 Y74 K53	R42 G42 B41	#2A2A29

PWM을 이용하여 원하는 색상을 직접 만들겠습니다.

문자 ▼ ↓ 🖨 A𝐀 1 ... o Uno R3) ▼

클릭

```
1  void setup()
2  {
3    pinMode(6, OUTPUT);
4    pinMode(5, OUTPUT);
5    pinMode(3, OUTPUT);
6  }
7
8  void loop()
9  {
10   analogWrite(6,115);
11   analogWrite(5,182);
12   analogWrite(3,51);
13   delay(2000);
14   analogWrite(6,94);
15   analogWrite(5,164);
16   analogWrite(3,204);
17   delay(2000);
18   analogWrite(6,45);
19   analogWrite(5,112);
20   analogWrite(3,192);
21   delay(2000);
22 }
```

🖳 시리얼 모니터

3가지 색이 번갈아 5초 간격으로 켜지게 만들겠습니다. 위의 표에서 RGB 부분을 보고 뒤에 쓰여 있는 값을 넣어주면 됩니다.

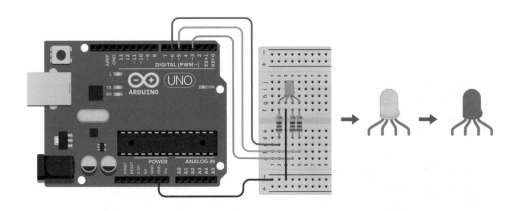

결과를 보니 비슷한 색이 나온 것 같습니다. 이렇게 PWM을 이용하면 0~255 사이의 값을 표현할 수 있고, RGB 세 가지 색만 있으면 모든 빛의 색을 표현할 수 있습니다.

실제 키트

키트에 있는 RGB LED를 사용해보겠습니다.

키트에는 RGB LED가 두 개 있는데 하나는 LED만 있고 하나는 모듈로 되어 있습니다. 먼저 모듈이 아닌 기본 RGB LED를 연결하겠습니다.

실제 부품의 RGB LED는 틴커캐드의 RGB LED와 핀 배열이 다릅니다.

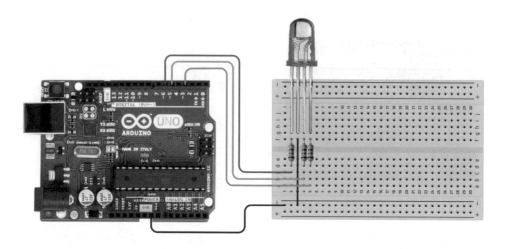

키트의 RGB LED는 GND를 왼쪽에서 두 번째로 두고 보았을 때 R→GND→G→B 순서 입니다. 틴커캐드에서는 R→GND→B→G이므로 틴커캐드에서 G, B를 연결했던 것과 반대로 연결해야 코드를 작성할 때 편리합니다.

연결 후에 기본적인 R→G→B 순서대로 켜지게 만들어보겠습니다.

RGB LED의 핀 구조는 실제 키트와 틴커캐드가 다르지만, 틴커캐드에서 혼동을 줄이기 위해 G와 B를 반대로 꽂았습니다. 그래서 코드는 틴커캐드에서 사용했던 것 그대로 사용해도 됩니다.

```
sketch_01 | Arduino IDE 2.1.0                              —  □  ×
파일(F)  편집  스케치  도구  도움말

   ✔  →  ▶    ⬦ Arduino Uno              ▼              ⋀  ·⊙··

   sketch_01.ino                                          ···
    1   void setup() {
    2     pinMode(6, OUTPUT);
    3     pinMode(5, OUTPUT);
    4     pinMode(3, OUTPUT);
    5   }
    6
    7   void loop() {
    8     analogWrite(6, 255);
    9     analogWrite(5, 0);
   10     analogWrite(3, 0);
   11     delay(5000);
   12
   13     analogWrite(6, 0);
   14     analogWrite(5, 255);
   15     analogWrite(3, 0);
   16     delay(5000);
   17
   18     analogWrite(6, 0);
   19     analogWrite(5, 0);
   20     analogWrite(3, 255);
   21     delay(5000);
   22   }
                              Arduino Uno COM3 켜기   ⏷  ⊟
```

그림과 같이 코드를 작성하고 실행해 결과를 확인합니다.

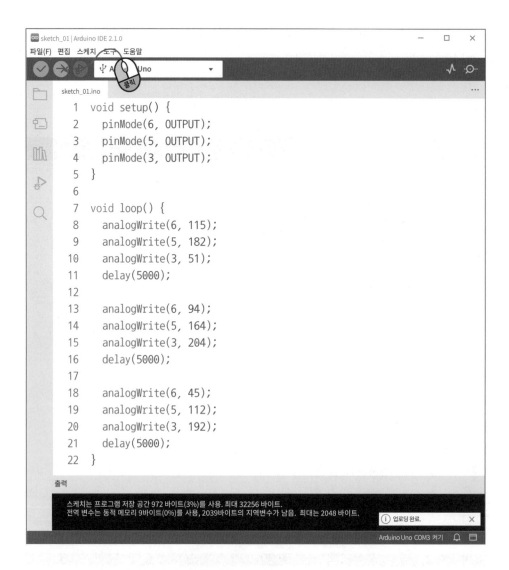

R→G→B LED 작동이 다 되었으면 색상표의 RGB 색상 값을 작성합니다. 코드 작성이 끝나면 오른쪽 화살표 버튼을 클릭해 업로드 합니다.

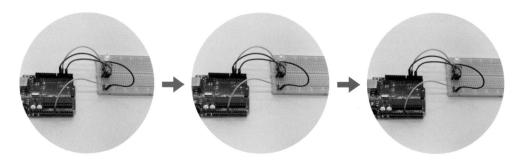

결과를 보면 우리가 원하는 색이 정확하게 나오지 않습니다.

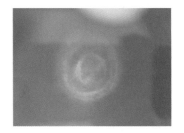

종이에 비춘 RGB LED

그 이유는 LED 위에 종이를 올려놓으면 3개의 광원이 보이는데, 이것 때문에 LED를 바라볼 때 완벽하게 섞인 색을 확인하기 어렵습니다.

2.5 RGB LED 모듈 사용하기

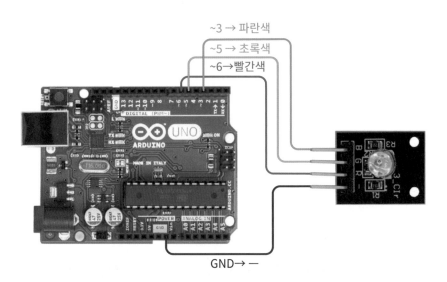

~3 → 파란색
~5 → 초록색
~6→빨간색

GND→ —

RGB LED 모듈을 사용해보겠습니다.

모듈은 위에서 사용한 RGB LED처럼 따로 저항이나 회로를 구성하지 않아도 케이블만 꽂아서 쉽게 사용할 수 있게 만든 부품입니다. 그래서 RGB LED 모듈은 브레드보드나 저항이 필요하지 않습니다.

코드는 변화가 없으므로 앞에서 사용한 코드를 그대로 사용합니다.

앞에서 작성한 코드가 제대로 실행되면 이번에는 random 함수를 이용하여 RGB LED의 색상을 랜덤으로 조합하는 코드를 만들어보겠습니다.

1. random(max)
2. random(min, max)

random 함수를 사용하는 방법은 2가지가 있습니다.

첫 번째로 max 값을 넣어서 사용할 수 있습니다. max 값을 넣으면 0부터 max-1 값까지 랜덤으로 나옵니다. 예를 들어, random(256)으로 쓰면 0~255까지의 값이 나옵니다.

두 번째 방법은 첫 번째와 비슷하지만, min(최솟값)을 지정할 수 있습니다. random을 이용하여 무작위로 색이 바뀌는 코드를 만듭니다. R, G, B 3개의 변수를 만들어 무작위 값을 넣어주고 무작위 값이 저장된 R, G, B 변수를 이용하여 6, 5, 3번 핀에 값을 전달합니다.

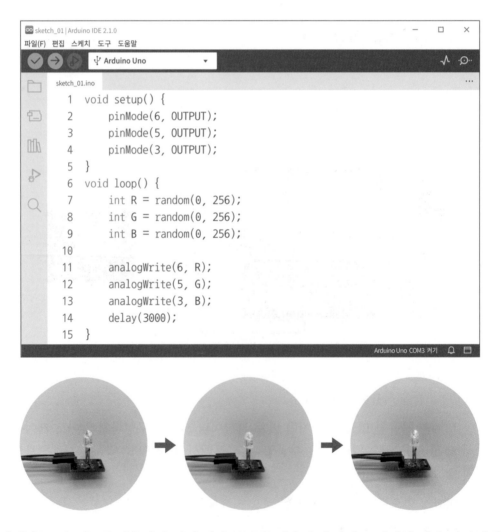

이처럼 RGB LED를 이용하면 여러 개의 LED를 사용하지 않아도 다양한 색을 만들어낼 수 있습니다.

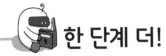 한 단계 더!

RGB LED가 1초마다 무지개색으로 바뀌도록 만들고 loop 함수 안에 코드를 완성하세요.

- 아래 표를 보고 RGB LED를 연결합니다.
- 1초마다 RGB LED의 색이 바뀝니다.
- 색은 무지개색 순으로 바뀝니다.
- 0부터 255까지의 값을 보낼 수 있도록 코딩합니다.

디지털 6번 핀	빨간색(R)
디지털 5번 핀	초록색(G)
디지털 3번 핀	파란색(B)

	빨간색	주황색	노란색	초록색	파란색	남색	보라색
빨강(R)	255	255	255	0	0	0	100
초록(G)	0	50	255	255	0	5	0
파랑(B)	0	0	0	0	255	255	255

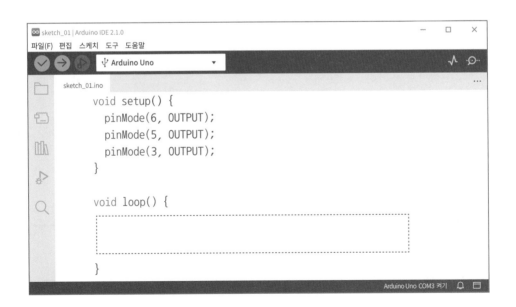

```
void setup() {
  pinMode(6, OUTPUT);
  pinMode(5, OUTPUT);
  pinMode(3, OUTPUT);
}

void loop() {




}
```

포텐셔미터(Potentiometer)는 저항을 사용자가 원하는 값으로 바꿀 수 있는 부품입니다.

저항이 변할 수 있다고 하여 '가변 저항'이라고도 합니다. 이러한 종류의 저항은 발전기, 모터 속도 제어, 조명의 밝기, 라디오의 볼륨 조절 등에 쓰입니다.

이 장의 목표

❶ 포텐셔미터 원리 알기
❷ 포텐셔미터를 이용하여 LED 밝기 조절하기

3.1 포텐셔미터의 원리 알기

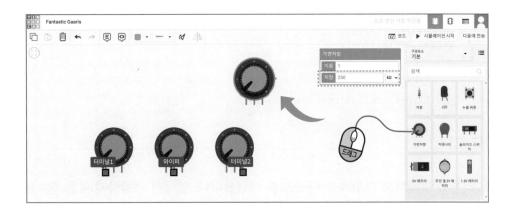

틴커캐드에서 우노 보드와 포텐셔미터인 '분압기'를 가져옵니다. 분압기에는 3개의 핀이 있는데 양 끝은 + 또는 -를 꽂는 핀이고 가운데 핀은 아날로그와 연결하여 값을 읽습니다.

분압기를 클릭하면 최대 저항값을 원하는 값으로 설정할 수 있습니다.

지금은 우노 보드의 아날로그 핀과 연결하여 값만 읽을 것이므로 어떠한 값을 사용하든 0~1023 사이의 값을 얻을 수 있습니다.

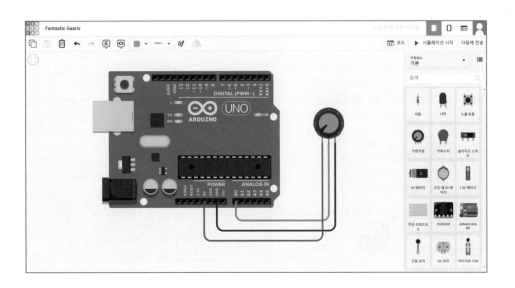

분압기의 터미널1은 우노 보드의 5V와 연결하고, 터미널2는 우노 보드의 GND와 연결합니다. 가운데에 있는 '와이퍼' 핀은 A0과 연결합니다.

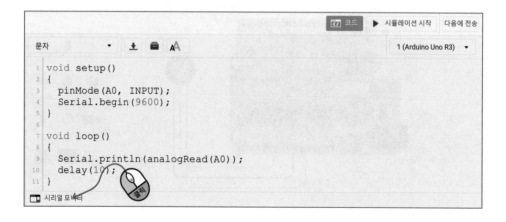

```
1  void setup()
2  {
3    pinMode(A0, INPUT);
4    Serial.begin(9600);
5  }
6
7  void loop()
8  {
9    Serial.println(analogRead(A0));
10   delay(10);
11 }
```

'코드' 버튼을 클릭하고 그림과 같이 코드를 작성합니다. 앞에서 설명하지 않은 함수만 설명하겠습니다.

Serial.begin()은 통신속도를 설정하는 함수입니다. 괄호 안에 쓴 값인 9600으로 속도가 설정되며 괄호 안에 들어가는 값의 단위는 bps(bit per second)를 사용합니다.

양쪽의 통신속도가 맞지 않으면 데이터를 주고받기 어렵습니다. 통신속도에 크게 영향을 받지 않으면 보통 9600을 사용합니다.

Serial.println() 함수는 괄호 안의 값을 시리얼 모니터에 출력하는 코드입니다. 출력할 때 print로 쓰면 줄 바꿈 없이 가로로 나오게 되고, println으로 쓰면 하나의 값을 출력하고 줄 바꿈 하게 됩니다.

```
1  void setup()
2  {
3    pinMode(A0, INPUT);
4    Serial.begin(9600);
5  }
6
7  void loop()
8  {
9    Serial.println(analogRead(A0));
10   delay(10);
11 }
```

코드가 완성되었으면 '시리얼 모니터'를 클릭하여 아날로그 0핀에서 읽은 값을 확인합니다.

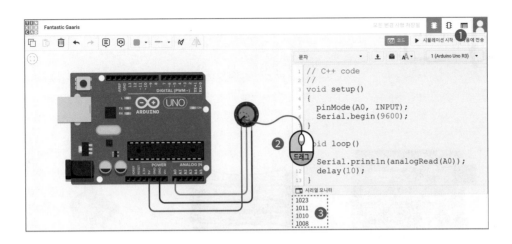

그림에서 빨간색 원 안의 와이퍼(검은색 막대 부분)를 움직이면 변화하는 값을 볼 수 있습니다.

와이퍼가 5V와 연결된 핀과 가까워지면 값도 1023에 가까워집니다. 반대로 GND와 연결된 부분으로 와이퍼를 돌리면 0에 가까워집니다.

 아날로그 핀이 읽어낸 값은 뭔가요?

아날로그 핀은 변화하는 저항값을 읽을 수 없습니다. 그러면 가변저항의 조절기를 돌렸을 때 읽어내는 값은 무엇일까요? 바로 전압값을 읽은 것입니다.
포텐셔미터의 내부는 아래 그림처럼 생겼는데, 와이퍼를 이용하여 저항의 길이를 조절할 수 있습니다. 이러한 원리로 저항값을 변화시켜 전압값을 읽어내는 것입니다.

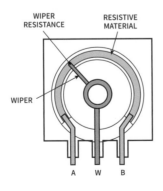

실제 키트

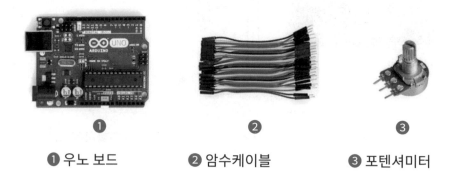

❶ 우노 보드   ❷ 암수케이블   ❸ 포텐셔미터

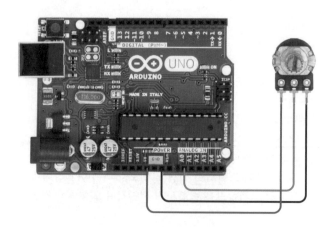

포텐셔미터의 볼록 나온 와이퍼 부분을 내 쪽으로 해서 왼쪽에는 5V, 오른쪽에는 GND, 가운데에는 A0과 연결합니다.

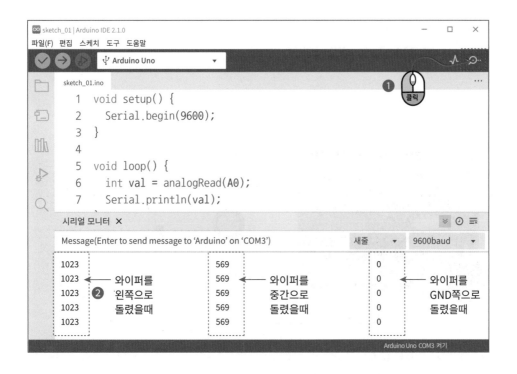

그림과 같이 코드를 작성하고 업로드합니다.

틴커캐드와 달리 loop() 부분에 val이라는 변수에 먼저 아날로그 0핀에서 읽은 값을 넣은
후에 출력하도록 코드를 작성했습니다.

오른쪽 위의 '돋보기' 모양을 클릭하면 시리얼 모니터를 확인할 수 있습니다. 포텐셔미터
에 달린 와이퍼를 돌리면 값이 변하는 것을 볼 수 있습니다.

3.2 포텐셔미터로 LED 밝기 조절하기

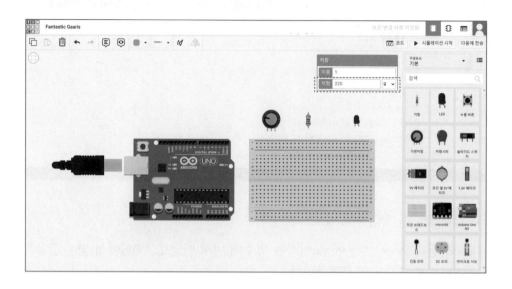

포텐셔미터로 읽은 값으로 LED의 밝기를 조절해보겠습니다. 턴커캐드에서 브레드보드, 저항 그리고 LED를 가져옵니다. LED의 색은 원하는 색으로 가져오고 저항은 LED와 연결할 것이므로 220Ω으로 바꿉니다.

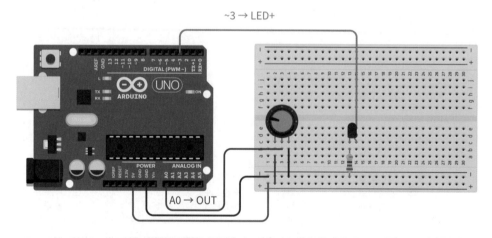

선으로만 연결했던 분압기(포텐셔미터)를 브레드보드와 연결한 후에 아날로그 0핀에 연결합니다. 그리고 가져온 LED와 저항을 아래 그림처럼 연결합니다. LED는 디지털 3핀에 연결합니다.

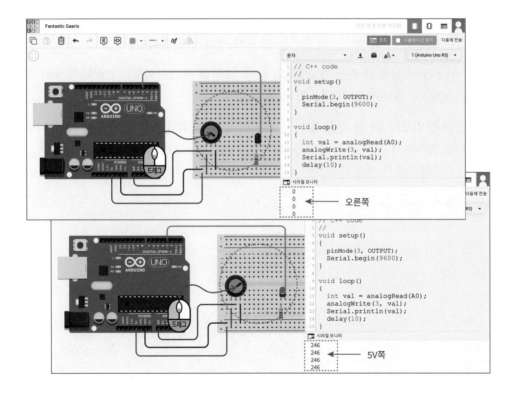

```
void setup()
{
  pinMode(3, OUTPUT);
  Serial.begin(9600);
}

void loop()
{
  int val = analogRead(A0);
  analogWrite(3, val);
  Serial.println(val);
  delay(10);
}
```

그림과 같이 코드를 작성합니다. LED를 켜기 위해 setup() 함수에 pinMode를 추가합니다. loop() 함수에는 val이라는 변수를 만들어 아날로그 0핀으로 읽은 값을 저장합니다. 코드가 작성되었으면 '시리얼 모니터'와 '시뮬레이션 시작' 버튼을 눌러 작동해보겠습니다.

처음에 분압기의 스위퍼를 맨 오른쪽으로 돌리면 0값이 나오고 LED가 켜지지 않습니다. 스위퍼를 움직여 5V 쪽으로 이동하면 값이 증가하고 그에 따라서 LED의 밝기가 점점 밝아집니다.

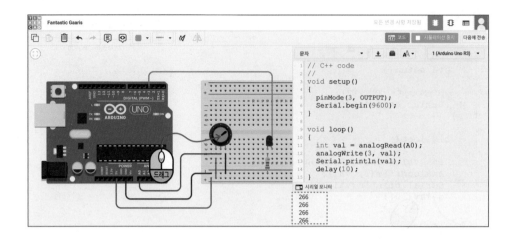

그런데 값이 266이 되면 LED가 꺼지는 것을 볼 수 있습니다. 그 후에도 스위퍼를 더 돌리면 값은 올라가지만, LED가 점점 밝아지다가 꺼지기를 반복하는 것을 볼 수 있습니다.

왜 이럴까요? LED를 연결한 디지털 3핀은 PWM으로 사용할 수 있습니다. PWM이 사용하는 값은 0부터 255 사이인데, 아날로그값은 0부터 1023 사이의 값을 나타낼 수 있습니다. 그럼 255보다 큰 값은 어떻게 될까요?

어떠한 값을 컴퓨터에 저장하는 메모리는 크기가 정해져 있습니다.

PWM은 0~255, 아날로그 핀은 0~1023의 값을 표현할 수 있는 것도 PWM은 8bit, 아날로그 핀은 10bit로 정해져 있기 때문입니다.

정해져 있는 범위보다 더 큰 값을 넣거나 표현하게 되면 최대치로 정해지는 게 아니라 아래 그림처럼 255에서 값이 증가하다가 다시 0이 됩니다. 그래서 스위퍼를 돌려 값이 266일 때 LED가 어두워진 것입니다.

그러면 어떻게 해야 할까요?

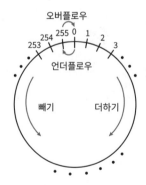

아날로그 핀으로부터 읽은 0~1023 사이의 값을 0~255 사이의 값으로 다시 범위를 지정해야 합니다.

map(value, fromLow, fromHigh, toLow, toHigh);

범위를 정해주기 위해서는 map()이라는 함수를 사용해야 합니다. map() 함수를 사용하는 방법은 value에는 analogRead() 함수로 읽어온 값을 저장한 변수(val)를 입력합니다.

fromLow와 fromHigh에는 현재 받아오는 값(value)의 최솟값과 최댓값을 입력합니다. 지금은 아날로그 핀으로 값을 받으므로 fromLow에는 0, fromHigh에는 1023이 toLow와 toHigh에는 새로 만들 범위 값이 들어갑니다. 따라서 PWM의 최솟값인 0이 들어가고 toLow에, 최댓값인 255가 toHigh에 들어갑니다.

코드 ▶ 시뮬레이션 시작   다음에 전송

문자 ▼   ± 🖨 A   1 (Arduino Uno R3) ▼

```
1  void setup()
2  {
3    pinMode(3, OUTPUT);
4    Serial.begin(9600);
5  }
6
7  void loop()
8  {
9    int val = analogRead(A0);
10   int change_val = 0;
11   change_val = map(val, 0, 1023, 0, 255);
12   analogWrite(3,change_val);
13   Serial.print(val);
14   Serial.print(" ");
15   Serial.println(change_val);
16   delay(10);
17 }
```

🖵 시리얼 모니터

클릭

그림과 같이 코드를 작성한 후 '시뮬레이션 시작'을 누르고 아래의 '시리얼 모니터'를 눌러 값을 읽어보겠습니다.

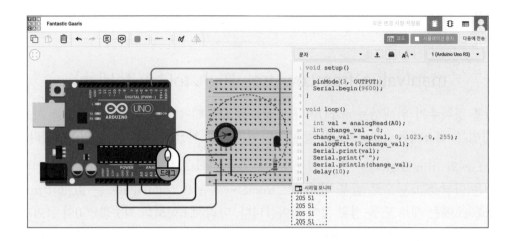

시리얼 모니터를 확인한 결과 205의 아날로그 값이 51로 새로 범위가 지정되어 값이 나오는 것을 볼 수가 있습니다.

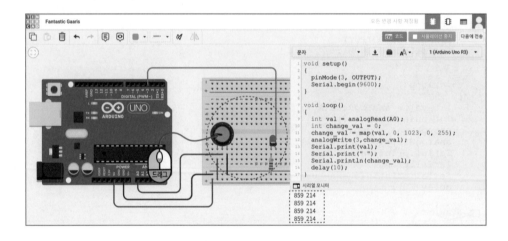

그림에서는 859의 값도 214로 변환된 것을 확인할 수 있습니다.

실제 키트

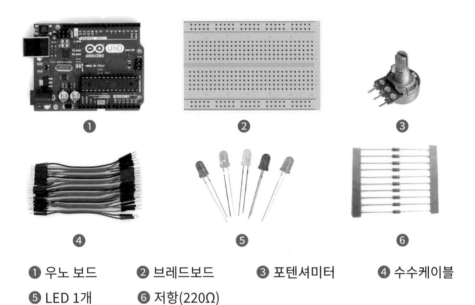

❶ 우노 보드   ❷ 브레드보드   ❸ 포텐셔미터   ❹ 수수케이블

❺ LED 1개   ❻ 저항(220Ω)

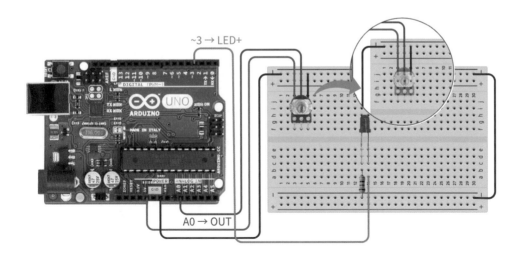

~3 → LED+

A0 → OUT

틴커캐드의 포텐셔미터와 실제 키트의 포텐셔미터의 모양이 달라서 틴커캐드와는 회로가 조금 다릅니다.

포텐셔미터는 아날로그 0핀, LED는 디지털 3핀과 연결합니다.

그림과 같이 코드를 작성하고 업로드합니다.

포텐셔미터를 돌리면 LED의 밝기가 변하는 것을 볼 수 있습니다.

얼마나 돌렸는지 확인이 어려우면 키트에 와이퍼 손잡이 부품이 있습니다. 부품을 꽂아서 돌리면 얼마나 돌렸는지 쉽게 알 수 있습니다.

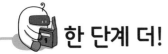 한 단계 더!

포텐셔미터 값이 크면 LED이 밝기가 어두워지도록 코딩하려고 합니다. 아래 코드에서 빈 칸을 완성하세요.

· 표를 보고 LED와 포텐셔미터를 연결합니다.

· 아날로그 0번 핀으로 포텐셔미터의 값을 읽습니다.

· 포텐셔미터의 값에 따라서 디지털 3번 핀에 연결된 LED의 밝기가 바뀝니다.

디지털 3번 핀	빨간색 LED
아날로그 0번 핀	포텐셔미터

```
sketch_01 | Arduino IDE 2.1.0                              —   □   ×
파일(F)  편집  스케치  도구  도움말

         ⌄  Arduino Uno              ▼                        ⋏  ⊙

   sketch_01.ino                                                ···
   1   void setup() {
   2     pinMode(3,        );
   3   }
   4
   5   void loop() {
   6     int val =          (A0);
   7     int change_val = 0;
   8     change_val =                    ;
   9             (3, change_val);
   10    delay(10);
   11  }

                                        Arduino Uno COM3 켜기   🔔  ▭
```

④ 푸시 버튼

'버튼(Button)'에 대해 알아보겠습니다.

우리가 어떠한 장치에 입력할 때 다양한 방법을 이용합니다. 최근에는 음성인식으로 집 안의 다양한 IoT 가전제품, 자동차, 그리고 스마트폰까지 조작할 수 있습니다. 그러나 어 떠한 장치에 입력할 때 가장 기본적인 입력방법은 버튼입니다.

이 장의 목표

❶ 버튼 연결하여 디지털 값 읽기

❷ 버튼을 이용하여 LED 컨트롤하기

❸ 버튼을 이용하여 숫자 카운트하기

4.1 버튼 연결하여 디지털 값 읽기

위의 버튼이 이번에 사용할 버튼입니다. 왼쪽과 오른쪽이 세로로 연결되어 있고, 가운데에 누르는 부분이 스위치로 되어 있어 누르면 4개의 다리 모두 연결됩니다.

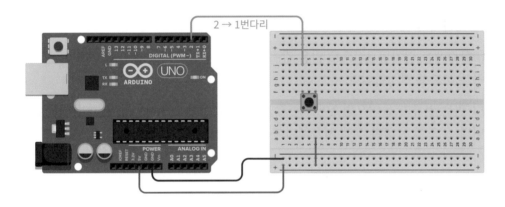

버튼을 누를 때만 우노 보드가 값을 읽게 하려면 어떻게 연결해야 할까요? 우선 4번 다리와 우노 보드의 5V와 연결합니다.

2번 다리를 우노 보드의 디지털 연결하면 5V와 우노 보드의 핀이 연결되어 버튼을 누르지 않아도 우노 보드에 값이 들어갑니다. 그래서 1번 또는 3번 다리와 우노 보드의 디지털 핀을 연결해야 합니다.

4번 다리와 연결된 5V는 버튼을 누르면 1번 다리와 연결된 디지털 2핀에 들어가게 됩니다.

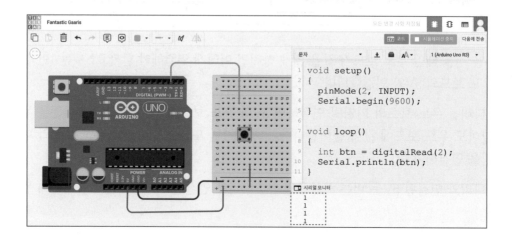

```
 1  void setup()
 2  {
 3    pinMode(2, INPUT);
 4    Serial.begin(9600);
 5  }
 6
 7  void loop()
 8  {
 9    int btn = digitalRead(2);
10    Serial.println(btn);
11  }
```

연결한 후에 디지털 2핀의 상태 값을 읽는 코드를 작성해보겠습니다.

setup() 함수에 버튼과 연결된 디지털 2핀을 INPUT으로 설정하고, 시리얼 모니터에 읽은 값을 출력하기 위해 통신속도를 9600으로 설정하였습니다.

loop() 함수에는 디지털 2핀으로 읽은 값을 btn이라는 변수에 저장하고, 시리얼 모니터에 출력하는 코드를 작성합니다.

디지털 핀은 전류가 들어오면 1이라는 값을 출력하고, 들어오지 않으면 0이라는 값을 출력합니다. 코드를 완성한 후에 시뮬레이션을 실행해보겠습니다.

실행 후 시리얼 모니터를 확인해보면 1이라는 값이 나옵니다. 버튼을 누르지도 않았는데 1이라는 값을 출력하고 있습니다. 왜 버튼을 누르지 않았는데 0값이 아닌 1값이 나올까요?

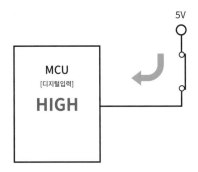

스위치가 닫혀 5V와 디지털 핀이 연결되면 전류가 흐르므로 디지털회로는 HIGH로 인식합니다. 스위치가 열려 연결되지 않으면 어떤 상태가 될까요? 보통 '연결되어 있지 않으니까 LOW가 되지 않을까?'라고 생각합니다.

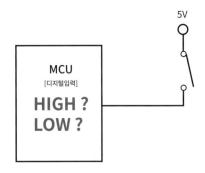

하지만, 실제로는 그렇지 않습니다. 스위치를 닫았을 때 흘러들어온 전자가 남아 있을 수도 있고, 디지털회로 주변의 정전기 같은 전기적인 흐름에 영향을 받아 전자가 들어갈 수도 있습니다.

이렇게 디지털회로가 읽은 값이 HIGH도 아니고 LOW도 아닌 중간에 떠 있는 상태나 현상을 '플로팅(floating)'이라고 합니다. 이런 플로팅 현상이 생기게 회로를 만들면 원하는 대로 작동이 안 될뿐더러 위험한 상황까지 초래할 수도 있습니다.

버튼을 누르면 칼날이 내려와 고기를 자르는 기계를 만든다고 가정해 보겠습니다. 플로팅 현상이 있는 상태면 버튼이 눌리지도 않았는데 회로는 버튼을 눌렀다고 인식해서 원치 않는 상황에 칼날이 내려올 수도 있습니다.

이런 플로팅 현상을 없애기 위해서는 어떻게 해야 할까요?

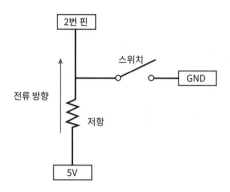

첫 번째로 '풀업 저항' 방식이 있습니다.

'풀 업(Pull-Up)'은 '위로 당긴다'는 뜻으로 버튼을 누르지 않은 상황에서 위쪽의 값인 1로 값을 정하는 저항 방식입니다.

풀업 저항 방식에서는 5V와 디지털회로와 연결하되, 저항 없이 연결하면 디지털회로가 망가질 수 있으므로 저항을 이용하여 연결합니다.

5V와 디지털회로가 연결되어 있어서 버튼을 누르지 않았을 때 디지털 핀에서 읽은 값은 1이 나옵니다.

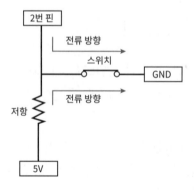

스위치가 닫혀있을 때는 어떨까요? 스위치가 닫히면 GND와 연결되므로 디지털회로에는 전류가 들어가지 않게 됩니다. 그러므로 값은 0이 나옵니다.

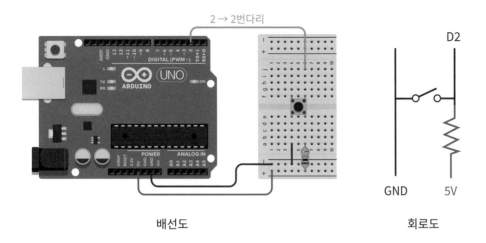

| 배선도 | 회로도 |

'풀업 저항' 방식으로 회로를 연결해보겠습니다. 10kΩ 저항을 사용하여 그림과 같이 버튼과 저항을 연결합니다.

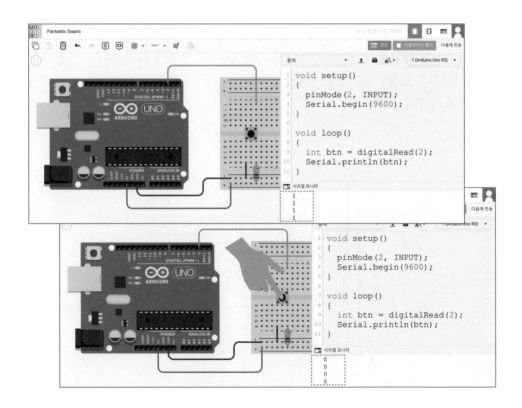

위쪽 그림은 버튼을 누르지 않았을 때입니다. 시리얼 모니터를 확인하면 값이 1이 출력되는 것을 볼 수 있습니다. 아래쪽 그림은 버튼을 눌렀을 때입니다. 시리얼 모니터를 확인하면 0이 출력되는 것을 볼 수 있습니다.

전자회로 기초 학습하기

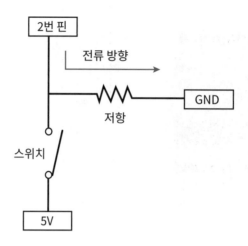

두 번째는 '풀다운 저항' 방식이 있습니다. '풀 다운(Pull-Down)'은 '아래로 당긴다'는 뜻으로 0과 1이 있을 때 버튼을 누르지 않은 상황에서 아래쪽의 값인 0으로 값을 정하는 저항 방식입니다.

풀다운 저항 방식에서는 GND를 디지털회로와 연결합니다. 저항을 이용해서 연결하는 이유는 스위치가 닫혔을 때 5V와 GND가 저항 없이 연결되면 디지털회로가 망가질 수 있기 때문입니다. 또한, 저항이 있어야만 5V에서 나온 전류가 GND 쪽이 아닌 디지털회로 쪽으로 들어갑니다.

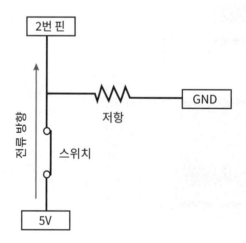

스위치가 닫혀있을 때는 어떨까요? 스위치가 닫히면 GND 쪽에 저항이 있어서 저항 쪽으로는 전류가 흐르지 않고, 디지털회로 쪽으로 흐릅니다. 그래서 값이 1이 나옵니다.

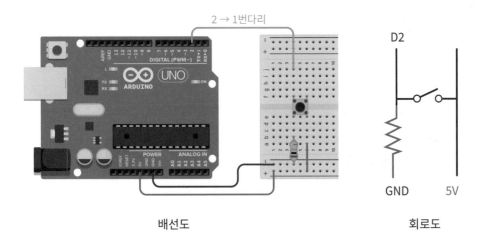

배선도   회로도

다음으로 우리가 사용하는 버튼으로 회로를 연결해보겠습니다. 회로는 왼쪽 그림과 같이
연결합니다. 오른쪽 그림은 버튼을 이용하여 연결하였을 때의 회로도입니다.

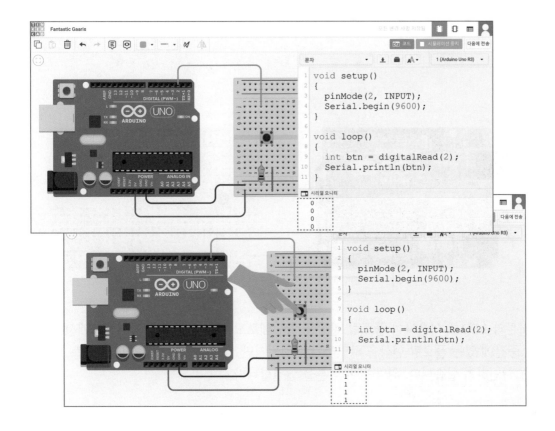

실제 키트

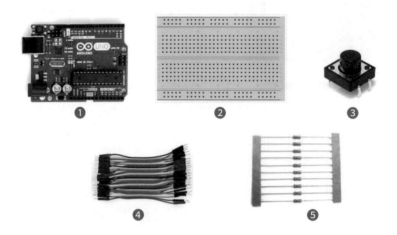

❶ 우노 보드 ❷ 브레드보드 ❸ 버튼 ❹ 수수케이블 ❺ 저항(220Ω, 10kΩ)

2 → 1번다리

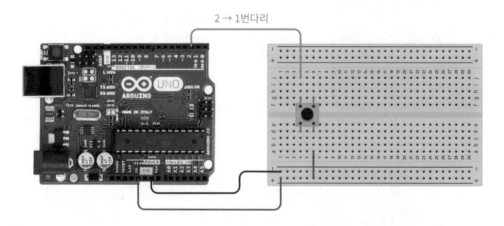

버튼과 LED를 이용하여 플로팅 현상을 확인해보도록 하겠습니다. 틴커캐드에서는 0과 1 중간에 있는 플로팅 현상을 확인하기 어려웠지만 실제 부품을 이용하여 테스트 해본다 면 확인하기 쉽습니다. 위와 같이 버튼을 연결합니다.

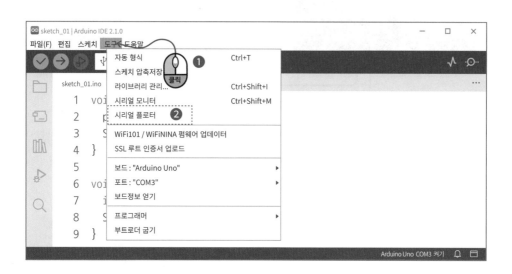

코드를 작성하고 업로드 버튼을 눌러 보드에 업로드합니다.

업로드를 누른 후에 '도구'-'시리얼 플로터'를 클릭하여 창을 띄웁니다.

시리얼 플로터는 어떤 값을 숫자로 출력하는 시리얼 모니터와는 달리 그래프를 이용해서 값을 표현합니다. 변화하는 값을 확인할 때는 시리얼 플로터를 이용하는 것이 편리합니다.

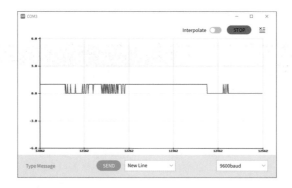

풀업 또는 풀다운 저항 방식을 이용하여 회로를 구성하지 않았을 때는 아래와 같이 버튼을 누르지 않았는데도 0과 1값이 나옵니다.

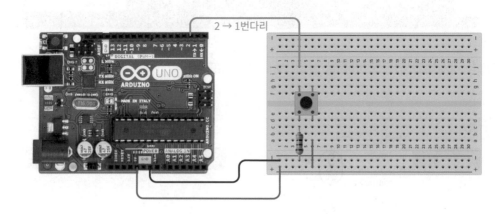

이번에는 풀다운 저항 방식을 이용하여 회로를 연결합니다. 코드는 변경 없이 회로만 바꾸겠습니다.

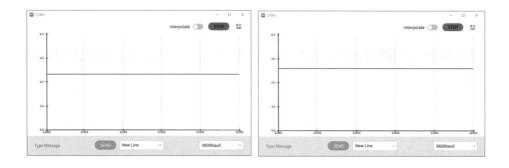

다시 시리얼 플로터를 보면 버튼을 누르지 않았을 때는 0을 출력하고, 버튼을 누르면 1을 출력하는 것을 볼 수 있습니다.

4.2 버튼을 이용하여 LED 컨트롤하기

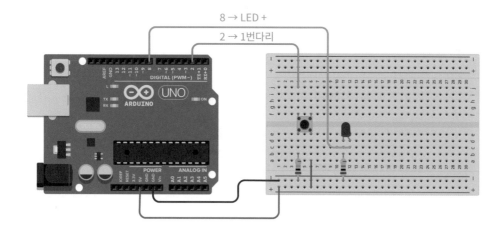

8 → LED +
2 → 1번다리

버튼을 누를 때 LED가 켜지고, 버튼을 누르지 않을 때 LED가 꺼지게 만들어보겠습니다.

우노 보드와 버튼 그리고 원하는 색상의 LED 1개를 가져옵니다. 버튼은 디지털 2핀과 연결하고 눌렀을 때 1이 나오는 풀다운 저항 방식으로 연결합니다.

LED는 220Ω 저항을 이용하고, 디지털 8핀과 연결합니다.

버튼을 눌렀을 때 나오는 출력값은 0과 1이 나옵니다. 값이 0이면 LED가 꺼져야 하고, 값이 1이면 LED가 켜져야 합니다.

이렇게 값이 여러 개 나오고 나오는 값에 따라 다른 행동을 하게 하려면 어떻게 해야 할까요? 나오는 값에 따라서 다른 행동을 하게 하려면 '조건문'을 이용해야 합니다.

'만약~'이라는 뜻을 가진 영어 단어는 뭘까요? if를 이용하면 다양한 값에 따라 다른 행동을 하게 할 수 있습니다.

if (조건) {

실행할 문장;

}

if를 사용하기 위해서는 위와 같이 if를 쓰고 소괄호를 열어 조건을 적습니다. 소괄호 안에 있는 조건이 참이면 중괄호 안의 문장을 실행합니다.

4

전자회로 기초 학습하기

```
1   void setup()
2   {
3     pinMode(2, INPUT);
4     pinMode(8, OUTPUT);
5   }
6
7   void loop()
8   {
9     int btn = digitalRead(2);
10
11    if(btn == 1){
12      digitalWrite(8, HIGH);
13    }
14    if(btn == 0){
15      digitalWrite(8, LOW);
16    }
17  }
```

if문을 사용하여 우리가 만든 회로에 적용해보겠습니다.

setup 부분에는 버튼과 연결된 디지털 2핀을 INPUT으로 설정하고, LED와 연결된 디지털 8핀은 OUTPUT으로 설정합니다.

loop 부분에는 디지털 2핀으로 읽은 값을 btn에 저장하고 btn에 저장된 값을 이용하여 조건을 나누었습니다.

프로그래밍 언어에서 사용하는 '=(등호)'는 우리가 일반적으로 알고 있는 '같다'의 개념과는 다릅니다. 프로그래밍 언어에서 =은 '오른쪽에 있는 값을 왼쪽에 대입하라'는 의미입니다.

위에 있는 코드에서 btn = digitalRead(2)는 'btn이 digitalRead(2)와 같다'가 아니라 'digitalRead(2)한 값을 btn에 대입하라'는 의미입니다.

그러면 '같다'는 어떻게 나타낼까요? '==(같다)'라고 쓰면 됩니다. 만약 'btn의 값이 1과 같다면(버튼이 눌렸다면)'은 'if(btn == 1)'라고 작성하면 됩니다.

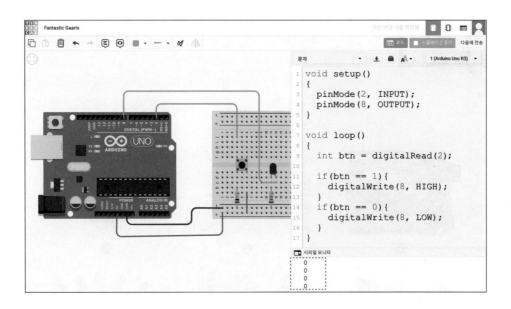

그림은 버튼을 누르지 않았을 때입니다.

버튼을 누르지 않으면 btn의 값이 0이 되므로 digitalWrite(8,LOW); 가 실행되어 LED가
켜지지 않습니다.

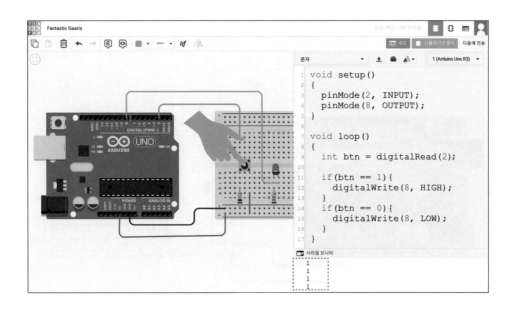

그림은 버튼을 눌렀을 때입니다.

버튼을 눌렀기 때문에 btn의 값이 1이 되고 if(btn == 1)이라는 조건문이 참이 되므로
digitalWrite(8,HIGH);가 실행되어 LED가 켜집니다.

실제 키트

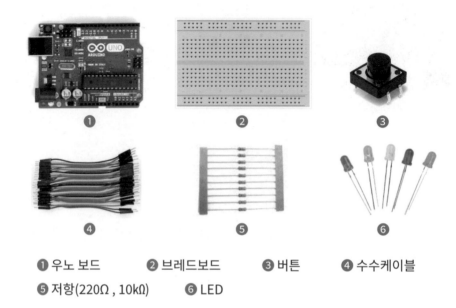

① 우노 보드 　② 브레드보드 　③ 버튼 　④ 수수케이블
⑤ 저항(220Ω , 10kΩ) 　⑥ LED

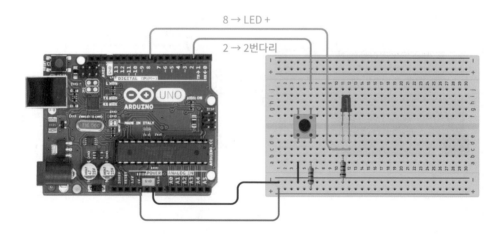

8 → LED +

2 → 2번다리

버튼 옆에 원하는 색의 LED를 하나 추가합니다. LED는 틴커캐드에서 만든 회로와 같이 디지털 8핀에 연결합니다. 버튼은 틴커캐드에서는 풀다운 저항 방식으로 회로를 연결하였지만, 실제 키트에서는 풀업 저항 방식으로 회로를 연결합니다.

```
sketch_01 | Arduino IDE 2.1.0                                    —    □    ×
파일(F)  편집  스케치  도구  도움말
         Arduino Uno                    ▼

sketch_01.ino                                                              ...
    1   void setup() {
    2     pinMode(2, INPUT);
    3     pinMode(8, OUTPUT);
    4   }
    5
    6   void loop() {
    7     int btn = digitalRead(2);
    8     if(btn == 1) {
    9       digitalWrite(8, HIGH);
   10     }
   11     else {
   12       digitalWrite(8, LOW);
   13     }
   14   }
                                             Arduino Uno COM3 켜기   ⌂  ▱
```

풀업 저항 방식은 버튼을 누르지 않으면 값이 1이 출력됩니다. 그래서 btn 값이 1이면
LED를 켜고, 0이면 LED를 끄게 만듭니다.

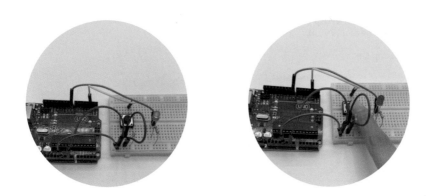

왼쪽은 버튼을 누르지 않았을 때 LED가 켜진 그림이고, 오른쪽은 버튼을 눌렀을 때 LED
가 꺼지는 그림입니다.

4.3 버튼을 이용하여 숫자 카운트하기

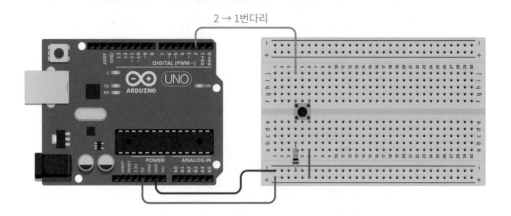

2 → 1번다리

버튼을 눌렀을 때 값이 1씩 올라가게 버튼 하나를 디지털 2핀과 연결합니다.

```
1  int cnt = 0;
2  void setup()
3  {
4    pinMode(2, INPUT);
5    Serial.begin(9600);
6  }
7  void loop()
8  {
9    int btn = digitalRead(2);
10
11   if(btn == 1)
12   {
13   cnt = cnt + 1;
14   Serial.println(cnt);
15   }
16 }
```

int cnt = 0라는 코드는 loop 부분에 넣으면 계속해서 0으로 초기화하므로 setup 부분 위
에 넣어 전역변수로 만듭니다.

전역변수와 지역변수?

전역변수는 영어로 'global variable'이라고 하고 지역변수는 'local variable'이라고 합니다.
영어에서 알 수 있듯이 지역변수는 local이기 때문에 중괄호 안에서 변수를 만들고, 만들어
진 중괄호 안에서만 사용할 수 있습니다. 반면에 전역변수는 global이기 때문에 중괄호 밖에
서 만들어야 합니다. 그리고, 코드 어디에서나 사용할 수 있습니다.

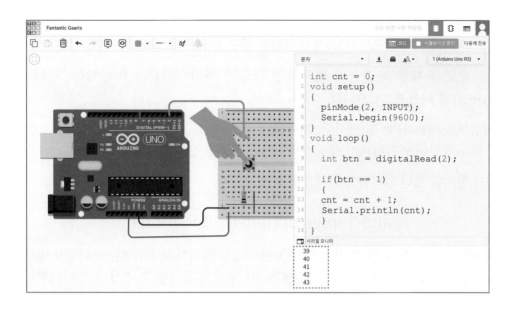

버튼을 한 번 누르면 값이 1 증가해 출력되는 것이 아니라 그림과 같이 42, 43 같은 값이 나옵니다. 왜 1이 아닌 42, 43인 값이 나올까요? 우리는 버튼을 한 번 눌렀지만, 그 짧은 시간에 우노 보드는 여러 번 입력되었다고 인식하기 때문입니다.

그럼 어떻게 해결할 수 있을까요?

```
1  int cnt = 0;
2  void setup()
3  {
4    pinMode(2, INPUT);
5    Serial.begin(9600);
6  }
7  void loop()
8  {
9    int btn = digitalRead(2);
10
11   if(btn == 1)
12   {
13   cnt = cnt + 1;
14   Serial.println(cnt);
15   delay(1000);
16   }
17 }
```

첫 번째는 cnt 값을 출력하는 코드 아래에 delay를 넣는 방법입니다. delay가 실행되는 동안 우노 보드는 아무것도 안 하고 대기하므로 버튼을 읽는 코드도 작동되지 않아 cnt 값을 출력하고 1초 동안 기다립니다.

그런데 이렇게 코드를 작성하면 버튼을 누르고 다음 입력은 1초 후에나 할 수 있습니다. 그리고 다른 코드가 있으면 delay가 실행되는 동안 그 코드는 실행되지 않습니다.

delay 말고 문제를 해결하기 위해서는 어떻게 해야 할까요? 이번에는 '인터럽트(interrupt)'를 사용해보겠습니다.

'인터럽트(interrupt)'는 '방해하다, 끼어들다'라는 뜻의 단어입니다. 인터럽트라는 말 그대로 loop 중간에 인터럽트가 발생하면 지정한 함수를 실행할 수 있습니다.

아래의 함수를 쓰면 인터럽트를 사용할 수 있습니다.

attachInterrupt(intNo, ISR, mode)

intNo에는 인터럽트에 쓸 수 있는 디지털 핀 번호를 입력하고, ISR에는 인터럽트 발생 시 호출할 함수 이름을 입력합니다. mode에는 인터럽트가 실행될 모드(상태)를 입력합니다.

보드	인터럽트에 쓸 수 있는 디지털 핀
우노, 나노, 미니, 기타328-기반	2, 3
메가, 메가2560, 메가ADK	2, 3, 18, 19, 20, 21
Micro, Leonardo, other 32u4-based	0, 1, 2, 3, 7
제로	all digital pins, execpt 4
MKR Family boards	0, 1, 4, 5, 6, 7, 8, 9, A1, A2
두에	all digital pins
101	all digital pins(Only pins 2, 5, 7, 8, 10, 11, 12, 13 work with **CHANGE**)

인터럽트 번호에 대해 알아보겠습니다.

사용하는 보드에 따라 사용할 수 있는 핀 번호가 달라서 아래의 표를 참고하여 인터럽트에 쓸 수 있는 디지털 핀을 확인하길 바랍니다.

mode에는 HIGH, FALLING, LOW, RISING, CHANGE와 같은 5가지가 있습니다. 버튼 연결은 풀업 저항방식으로 한 것으로 가정하고 설명하겠습니다.

① HIGH

HIGH는 디지털 핀이 읽은 값이 1인 경우에 인터럽트를 실행하는 모드입니다.

버튼을 누르지 않았을 때입니다.

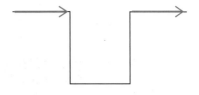

② FALLING

FALLING은 디지털 핀에 들어오는 신호가 1에서 0으로 갈 때 인터럽트를 실행하는 모드입니다.

버튼을 눌렀을 때입니다.

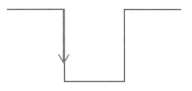

③ LOW

LOW는 디지털 핀이 읽은 값이 0인 경우에 인터럽트를 실행하는 모드입니다.

버튼을 누르고 있을 때입니다.

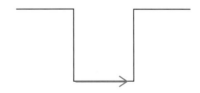

④ RISING

RISING은 디지털 핀에 들어오는 신호가 0에서 1로 갈 때 인터럽트를 실행하는 모드입니다.

버튼을 누른 상태에서 떼었을 때입니다.

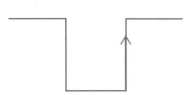

⑤ CHANGE

CHANGE는 FALLING과 RISING이 될 때 인터럽트를 실행하는 모드입니다.

버튼을 누를 때와 누른 상태에서 떼었을 때입니다.

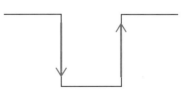

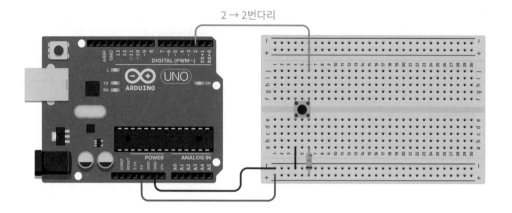

2 → 2번다리

버튼을 풀업저항 방식으로 연결합니다. 버튼을 누를 때에 인터럽트를 실행하므로 모드는 FALLING으로 설정합니다.

```
int cnt = 0;

void setup()
{
  pinMode(2, INPUT);
  attachInterrupt(digitalPinToInterrupt(2), up, FALLING);
  Serial.begin(9600);
}

void loop()
{
}

void up(){
  cnt++;
  Serial.println(cnt);
}
```

```
attachInterrupt(digitalPinToInterrupt(pin), ISR, mode); (권고)
attachInterrupt(interrupt, ISR, mode); (권하지 않음)
```

코드를 작성합니다.

인터럽트 핀을 적는 곳에 그냥 핀 번호를 적은 것이 아닌 digitalPinToInterrupt를 이용하여 작성하였습니다. 그냥 핀 번호를 적는 것보다 digitalPinToInterrupt를 이용하는 방법을 아두이노 공식 홈페이지에서 권장하기 때문입니다.

작성된 코드 중 attachInterrupt는 2핀의 상태가 FALLING이 되면, up 함수를 실행합니다. up 함수는 cnt를 1 증가시키고 출력합니다.

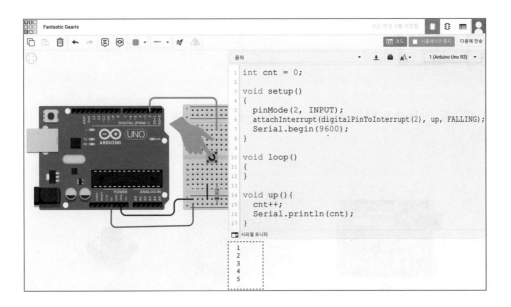

그림은 '시뮬레이션 시작' 버튼을 클릭하고 버튼을 눌렀을 때의 결과 화면입니다. 버튼을
한 번 누를 때마다 시리얼 모니터에 1씩 증가한 값이 출력되는 것을 볼 수 있습니다.

실제 키트

실제 키트를 이용하여 버튼을 연결하고, 버튼을 눌렀을 때 값이 1씩 올라가도록 만들겠습니다.

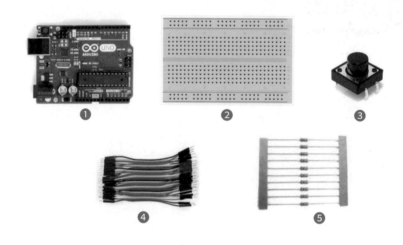

❶ 우노 보드　❷ 브레드보드　❸ 버튼　❹ 수수케이블　❺ 저항(10kΩ)

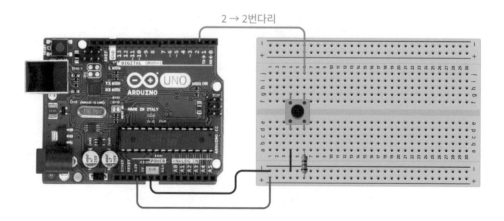

2 → 2번다리

```
sketch_01 | Arduino IDE 2.1.0                                    —    □    ×
파일(F)  편집  스케치  도구  도움말
  ✓  →  ♪      ⟱ Arduino Uno              ▼                      ⋀  ·�485·

 📁     sketch_01.ino                                                      ...
  1     int cnt = 0;
  2     void setup() {
  3       pinMode(2, INPUT);
  4       attachInterrupt(digitalPinToInterrupt(2), up, FALLING);
  5       Serial.begin(9600);
  6     }
  7
  8     void loop() {
  9     }
 10
 11     void up(){
 12       cnt++;
 13       Serial.println(cnt);
 14     }
                                             Arduino Uno COM3 켜기  🔔  ▤
```

회로와 코드는 틴커캐드에서 했던 것과 같이 만듭니다.

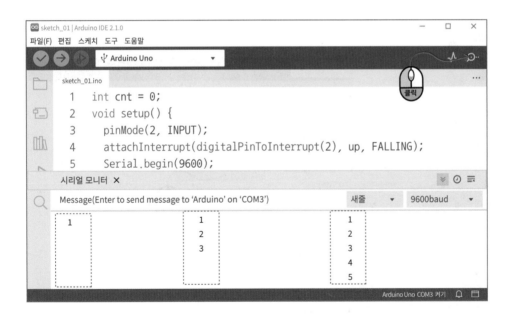

코드를 업로드한 후에 시리얼 모니터를 클릭하여 버튼을 눌렀을 때 값이 1씩 증가하는지
확인해봅니다.

CHAPTER4 전자회로 기초 학습   113

시리얼 모니터에서 결과를 확인하면 버튼을 눌렀을 때, 값이 1씩 증가하는 경우도 있지만, 아래 그림과 같이 여러 번 실행되어 출력될 수가 있습니다. 그 이유는 실제 키트에서는 '채터링(chattering)'이라는 현상이 발생하기 때문입니다.

'채터링(chattering)'은 스위치를 손으로 누를 때, 접점 부근에서 스위치의 물리적인 떨림에 의해 여러 번 눌러지는 현상입니다.

채터링을 없애기 위해서는 '디바운스(Debounce)'라는 방법을 사용하는데, '캐패시터'를 이용하는 하드웨어적인 방법과 소프트웨어적인 방법이 있습니다.

소프트웨어적인 방법으로 해결하는 방법을 알아보겠습니다.

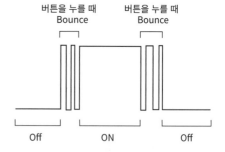

'디바운스(Debounce)'는 de와 bounce를 합친 단어입니다.

아두이노에서 '바운싱(bouncing)'이란 전압이 순간적으로 불규칙하게 들어가는 현상입니다. 여기에 de를 붙여 불규칙하게 들어가는 것을 막는 것이 디바운스(Debounce)입니다.

어떻게 코드를 작성하면 바운싱을 없앨 수 있을까요?

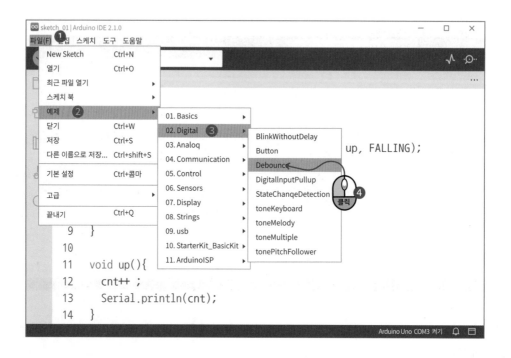

스케치에서 제공하는 예제를 사용해보겠습니다. 스케치에는 다양한 종류들의 예제들이

있습니다. 아래 그림처럼 내장된 예제도 있고, 라이브러리를 다운로드하면 해당 라이브러리에 맞는 예제들도 있습니다.

Debounce 예제를 켜기 위해 파일→예제→02.Digital→Debounce를 클릭합니다.

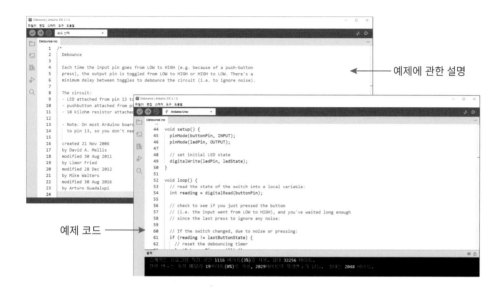

예제에 관한 설명

예제 코드

Debounce를 클릭하면, 예제에 대한 설명과 코드들이 만들어집니다.

예제에 있는 코드는 버튼을 이용해서 우노 보드의 내장 LED를 On/Off 하는 코드입니다. 제대로 작동되는지 코드 수정 없이 업로드 버튼을 눌러 확인해보겠습니다.

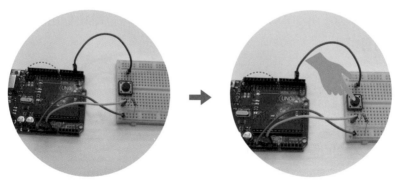

업로드 후 버튼을 누르기 전   버튼을 누른 후

코드를 업로드하면 처음에는 LED가 꺼진 상태입니다. 버튼을 한 번 누르면 LED가 켜지고 한 번 더 누르면 LED가 꺼집니다.

Debounce 예제 코드로 버튼을 한 번 눌렀을 때 한 번만 작동되는 것을 확인했습니다.

예제에서 필요한 코드만 뽑아 버튼을 눌렀을 때 값이 1씩 증가하는 코드를 만들어보겠습니다.

전역변수로 선언된 변수를 먼저 알아보겠습니다.

```
1    const int buttonPin = 2;
2
3    int buttonState;
4    int lastButtonState = HIGH;
5
6    int cnt = 0;
7
8    unsigned long lastDebounceTime = 0;
9    unsigned long debounceDelay = 50;
```

buttonPin 변수는 버튼과 연결된 핀을 저장할 변수로 사용합니다. 값이 변하면 안 되므로 const를 추가하여 값이 변하지 않게 만듭니다.

buttonState와 lastButtonState 변수는 버튼 상태를 저장하기 위해 사용합니다.

풀업 저항 방식으로 구성한 버튼과 연결된 디지털 핀은 버튼을 누르지 않을 때 HIGH 값을 가집니다.

lastButtonState에 HIGH값을 저장한 이유는 loop() 함수에서 현재 버튼값과 이전 버튼값이 다를 때 실행하도록 조건문을 구성할 예정인데 lastButtonState를 LOW로 설정하면 바로 다르기 때문에 버튼을 누르지 않아도 실행됩니다. 그래서 lastButtonState의 값을 HIGH로 설정합니다.

```
8    unsigned long lastDebounceTime = 0;
9    unsigned long debounceDelay = 50;
```

unsigned는 부호가 없다는 의미입니다.

lastDebounceTime과 debounceDelay 변수는 시간을 담을 변수이므로 부호가 필요 없습니다.

long 자료형은 2byte를 저장할 수 있는 int 자료형보다 더 큰 4byte를 저장할 수 있습니다.

```
11    void setup() {
12      pinMode(buttonPin, INPUT);
13      Serial.begin(9600);
14    }
```

setup() 함수에는 pinMode 설정과 통신속도를 설정합니다.

```
16    void loop() {
17      int reading = digitalRead(buttonPin);
18
19      if(reading != lastButtonState){
20        lastDebounceTime = millis();
21      }
22
23      if((millis() - lastDebounceTime) > debounceDelay){
24        if(reading != buttonState){
25          buttonState = reading;
26
27          if(buttonState == LOW){
28            cnt++;
29            Serial.begin(cnt);
30          }
31        }
32      }
33      lastButtonState = reading;
34    }
```

코드의 흐름은 다음과 같습니다.

reading이라는 변수에 버튼의 상태 값을 저장하다가 버튼의 상태 값을 저장한 reading 값이 마지막의 버튼 상태를 저장한 lastButtonState와 다르면 lastDebounceTime에 millis() 함수의 리턴 값을 저장합니다.

millis() 함수는 아두이노의 동작이 시작된 후부터 경과한 시간을 millisecond(1000분의 1초)로 나타냅니다.

```
24        if(reading != buttonState){
25          buttonState = reading;
26
27          if(buttonState == LOW){
28            cnt++;
29            Serial.begin(cnt);
30          }
31        }
32      }
```

그리고 버튼을 눌러 저장된 lastDebounceTime을 millis()에서 뺀 값이 debounceDelay에 저장된 50보다 값이 커지면 조건문 안에 있는 코드가 실행됩니다.

코드는 현재 버튼 상태를 저장한 reading과 buttonState값이 다르면 buttonState에 reading 값을 대입합니다. 예를 들어 처음에 buttonState 값이 1이고 풀업 저항 방식으로 연결된 버튼을 눌러 reading 값이 0이면 조건이 실행됩니다.

조건이 실행되면 buttonState에 reading에 저장된 0을 대입합니다. buttonState의 값이 0이 되었기 때문에 if(button == LOW) 코드가 실행되어 cnt 값이 1 증가가 되고 시리얼 모니터에 출력됩니다.

```
23    if((millis() - lastDebounceTime) > debounceDelay){
24      if(reading != buttonState){
25        buttonState = reading;
26
27        if(buttonState == LOW){
28          cnt++;
29          Serial.begin(cnt);
30        }
31      }
32    }
33    lastButtonState = reading;
34  }
```

마지막으로 lastButtonState에 reading 값을 대입하여 코드가 버튼을 눌렀을 때만 실행되도록 합니다.

```
17    int reading = digitalRead(buttonPin);
18
19    if(reading != lastButtonState){
20      lastDebounceTime = millis();
21    }
```

ARDUINO

```
sketch_01 | Arduino IDE 2.1.0                                    —  □  ×
파일(F)  편집  스케치  도구  도움말

       ⟋  Arduino Uno              ▼                           ⌁  ⦿

   sketch_01.ino                                                  ...
    1    const int buttonPin = 2;
    2
    3    int buttonState;
    4    int lastButtonState = HIGH;
    5
    6    int cnt = 0;
    7
    8    unsigned long lastDebounceTime = 0;
    9    unsigned long debounceDelay = 50;
   10
   11    void setup() {
   12      pinMode(buttonPin, INPUT);
   13      Serial.begin(9600);
   14    }
   15
   16    void loop() {
   17      int reading = digitalRead(buttonPin);
   18
   19      if(reading != lastButtonState){
   20        lastDebounceTime = millis();
   21      }
   22
   23      if((millis() - lastDebounceTime) > debounceDelay){
   24        if(reading != buttonState){
   25          buttonState = reading;
   26
   27          if(buttonState == LOW){
   28            cnt++;
   29            Serial.begin(cnt);
   30          }
   31        }
   32      }
   33      lastButtonState = reading;
   34    }
                                        Arduino Uno COM3 켜기  ◻  ⊟
```

[최종코드]

```
sketch_01 | Arduino IDE 2.1.0                                    —   □   ×
파일(F)  편집  스케치  도구  도움말

   ✓  →  ⟩    Arduino Uno              ▼                        ⋀  ☼

   sketch_01.ino                                                    ...
   1    const int buttonPin = 2;
   2
   3    int buttonState;
   4    int lastButtonState = HIGH;
   5
   6    int cnt = 0;
   7
   8    unsigned long lastDebounceTime = 0;
   9    unsigned long debounceDelay = 50;
   10
   11   void setup() {
   12     pinMode(buttonPin, INPUT);
   13     Serial.begin(9600);
   14   }
   15
   16   void loop() {
   17     int reading = digitalRead(buttonPin);
   18
   19     if(reading != lastButtonState){
   20       lastDebounceTime = millis();
   21     }
   22
   23     if((millis() - lastDebounceTime) > debounceDelay){
   24       if(reading != buttonState){
   25         buttonState = reading;
   26
   27         if(buttonState == LOW){

   시리얼 모니터  ✕                                          ≫  ⊙  ☰

   Message(Enter to send message to 'Arduino' on 'COM3')   새줄  ▼   9600baud  ▼

   1
   2
   3
   4
   5
   6
                                              Arduino Uno COM3 켜기  ⌂  ▭
```

버튼을 눌렀을 때 값이 1씩 증가하는 것을 확인할 수 있습니다.

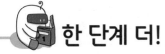 **한 단계 더!**

버튼을 클릭하면 RGB LED 색이 랜덤하게 바뀌도록 만들어 보세요. 아래 코드에서 빈칸을 완성하세요.

- 아래 표를 보고 LED와 버튼을 연결합니다.
- 버튼을 디지털 2번 핀에 풀다운 저항 방식으로 연결합니다.
- 버튼을 누르면 빨간색, 초록색, 파란색을 정하는 변수가 0부터 255 사이의 값을 랜덤하게 갖습니다.
- 빨간색, 초록색, 파란색 변수에 따라서 RGB LED 색이 바뀝니다.

디지털 6번 핀	RGB LED 빨간색(R)	디지털 3번 핀	RGB LED 파란색(B)
디지털 5번 핀	RGB LED 초록색(G)	디지털 2번 핀	버튼

```
sketch_01 | Arduino IDE 2.1.0                                        —    □    ×
파일(F)  편집  스케치  도구  도움말
         Arduino Uno                        ▼
sketch_01.ino
 1    void setup() {
 2      pinMode(6,          );
 3      pinMode(5,          );
 4      pinMode(3,          );
 5      pinMode(2,          );
 6    }
 7
 8    void loop() {
 9     int btn =              (2);
10     if(btn ==     ){
11       int R =          (256);
12       int G =          (256);
13       int B =          (256);
14              (6, R);
15              (5, G);
16              (3, B);
17     }
18      delay(10);
19    }
                                              Arduino Uno COM3 켜기   ♪  ⊟
```

⑤ 조도 센서

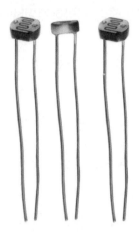

'조도 센서(photoresistor)'입니다.

조도 센서는 밝기를 측정할 수 있는 센서로 자동차의 오토라이트 기능이나 어두워지면 가로등이 자동으로 켜지게 하는 기능에 사용됩니다.

이 장의 목표

❶ 조도 센서의 원리 알기

❷ 조도 센서로 현재 밝깃값 구하기

❸ 조도 센서를 이용하여 특정 값에 따라 LED On/Off하기

❹ 조도 센서의 값에 따라 LED 밝기 조절하기

5.1 조도 센서의 원리 알기

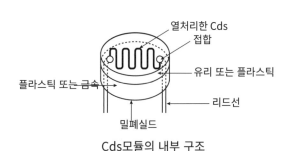

Cds모듈의 내부 구조

조도 센서는 CdS 센서 또는 포토레지스터(photoresistor)라고 합니다.

CdS 센서라고 하는 이유는 조도 센서 위쪽에 빨간색으로 구불구불하게 된 것이 CdS(Cadmium Sulfide; 황화카드뮴)이기 때문입니다. 황화카드뮴은 빛에 따라 전기 전도율이 달라지는데, 주위가 밝을수록 전도율이 증가하여 저항값이 작아집니다.

저항값이 작아지면 전류의 양이 증가합니다. 반대로 주위가 어두워지면 전도율이 감소하여 저항값이 커집니다. 저항값이 커지면 전류의 양은 감소합니다. 이렇게 빛에 따라 저항이 달라지기 때문에 '포토(photo; 빛)레지스터'라고 합니다.

5.2 조도 센서로 현재 밝깃값 구하기

조도 센서로 현재 밝깃값을 구하려면 먼저 아날로그값을 이용해야 합니다. 빛의 밝기는 1과 0 두 가지 값으로는 표현할 수 없기 때문입니다. 그리고 조도 센서는 빛에 따라 저항값이 바뀌는데 아쉽게도 우노 보드는 저항값을 읽어낼 수 없습니다. 그래서 전압분배를 이용하여 전압값을 구해야 합니다. 회로를 구성하기 전에 전압분배를 알아보겠습니다.

전압분배는 특정 회로에 일정한 전압을 공급해 주기 위해 사용합니다.

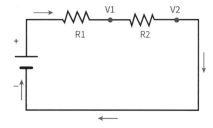

전압분배를 이용하기 위해서는 2개 이상의 저항과 '직렬'로 연결되어야 합니다. 직렬로 연결하면 전류는 변하지 않고 항상 일정합니다.

그러면 전압은 어떨까요? 전압을 알려면 먼저 키르히호프의 전압 법칙을 알아야 합니다.

키르히호프의 전압 법칙의 정의는 '하나의 폐회로(닫힌 회로, Closed Circuit)에서 인가전압과 강하전압의 합은 0이다.'입니다. 하지만, 전기를 처음 공부하는 분들에게는 정의가 어려우니까 그냥 '각각의 저항에서 걸리는 전압의 합은 전체 전압과 같다'라고 이해하면 됩니다.

첫번째로 전룻값을 구해보겠습니다.

V = IR인 옴의 법칙에 따라서 V1 = I*R1이고, V2 = I*R2가 됩니다. 그러면 V = I*R1 + I*R2이고 공통인 I를 묶으면 V = I(R1 + R2)로 정리할 수 있습니다.

I값을 구하기 위해 (R1+R2)를 왼쪽으로 넘기면 $I = \frac{V}{R1+R2}$가 됩니다.

두번째로 구한 전룻값을 이용하여 V1과 V2에서 걸리는 전압값을 구해보겠습니다.

V1 =I*R1에서 방금 구한 전류를 대입하면 $V1 = \frac{R1}{R1+R2} * V$가 됩니다.

V2도 마찬가지로 I값을 대입하면 $\frac{R2}{R1+R2} * V$가 됩니다.

$V1 = \frac{R1}{R1+R2} * V$, $V2 = \frac{R2}{R1+R2} * V$ 를 이용하면 각 구간에서 걸리는 전압값을 구할 수 있습니다.

하지만, 공식을 알더라도 정확한 값을 구할 수 없습니다. 왜냐하면, 회로를 구성할 때 조도 센서(가변저항)와 2kΩ의 저항을 사용하는데, 조도 센서의 저항값이 얼마인지 알 수 없기 때문입니다.

다음 그림은 조도 센서의 데이터시트입니다. 밝기에 따라 조도 센서의 저항값을 볼 수 있습니다.

밝기를 측정하는 단위로는 Lux를 사용하는데 우리는 지금 있는 장소의 밝기가 얼마인지 구할 수 없습니다. 그렇지만, 조도 센서와 전압분배로 원하는 구간에서의 전압을 구할 수 있으므로 밝기에 따라 값이 바뀌는 것은 확인할 수 있습니다.

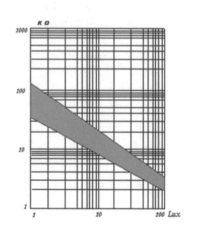

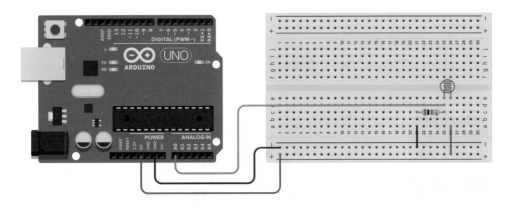

조도센서와 저항 사이에 아날로그 0핀(A0)과 연결할 수 있도록 케이블로 연결합니다. 저항은 2k옴을 이용해 연결합니다.

```
void setup()
{
  Serial.begin(9600);
}

void loop()
{
  int brightness = analogRead(A0);
  Serial.println(brightness);
  delay(10);
}
```

회로를 완성하고 그림과 같이 코드를 작성합니다.

brightness라는 변수를 만들고, 아날로그 0핀에 입력된 값을 brightness에 저장합니다.

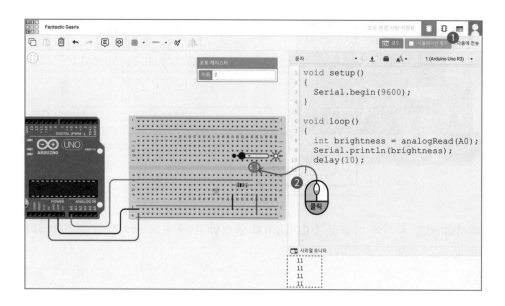

시뮬레이션을 작동해 현재 밝기를 출력합니다.

'시뮬레이션 시작'을 누른 후에 조도 센서를 클릭하면 밝기를 설정할 수 있는 슬라이드 바가 생깁니다. 처음 조도 센서를 클릭하면 가장 어둡게 설정되어 있습니다.

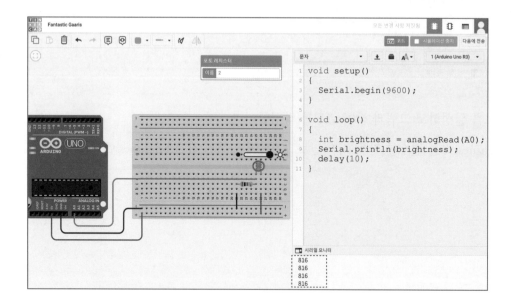

어두워지면 아날로그 0핀에서 읽은 값이 낮은 값으로 나옵니다. 반대로 밝은 쪽으로 슬라이드를 옮기면 높은 값이 나옵니다.

실제 키트

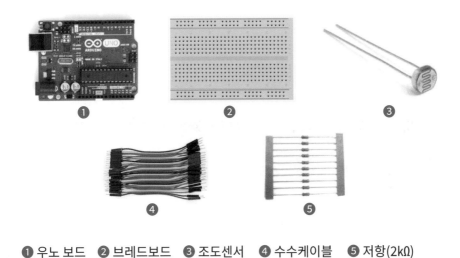

❶ 우노 보드   ❷ 브레드보드   ❸ 조도센서   ❹ 수수케이블   ❺ 저항(2kΩ)

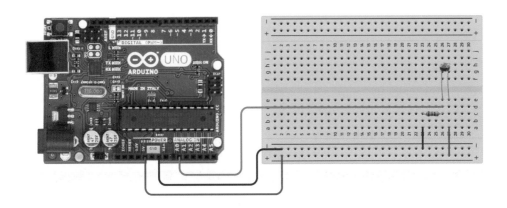

조도 센서는 저항이기 때문에 LED와 달리 극성이 없어서 방향에 상관없이 연결하면 됩
니다.

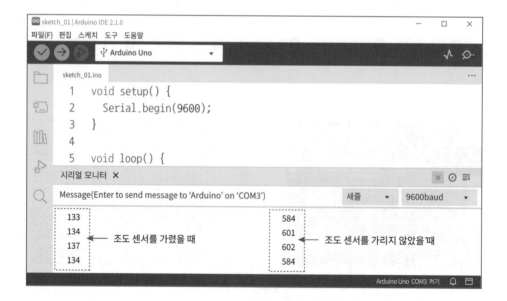

```
1    void setup() {
2      Serial.begin(9600);
3    }
4
5    void loop() {
6    int brightness = analogRead(A0);
7      Serial.println(brightness);
8      delay(10);
9    }
```

회로를 연결한 다음 아래 코드를 작성하고 업로드합니다.

133		584
134	◄── 조도 센서를 가렸을 때	601
137		602	◄── 조도 센서를 가리지 않았을 때
134		584

실제 키트를 사용할 때는 틴커캐드처럼 슬라이드 바가 없으므로 조도 센서를 가려서 밝기의 변화를 봐야 합니다. 밝기에 따라 값이 변화하는 것을 확인할 수 있습니다.

5.3 조도 센서를 이용하여 특정 값에 따라 LED On/Off하기

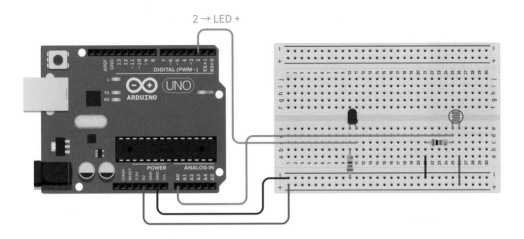

앞에서는 조도 센서를 이용하여 현재 있는 장소의 밝깃값을 읽었습니다.

이번에는 LED를 추가하고 읽은 밝깃값을 기준으로 어두우면 LED가 켜지고, 밝으면 LED가 꺼지게 만들어보겠습니다. 턴커캐드에서 원하는 색의 LED와 220Ω 저항을 이용하여 회로를 연결합니다. LED는 디지털 2번 핀에 연결하였습니다.

```
1  void setup()
2  {
3    pinMode(2,OUTPUT);
4    Serial.begin(9600);
5  }
6
7  void loop()
8  {
9    int brightness = analogRead(A0);
10
11   if(brightness > 600){
12     digitalWrite(2,LOW);
13   }
14   else{
15     digitalWrite(2,HIGH);
16   }
17   Serial.println(brightness);
18   delay(10);
19 }
```

그림과 같이 LED와 연결된 디지털 핀의 모드를 OUTPUT으로 설정합니다.

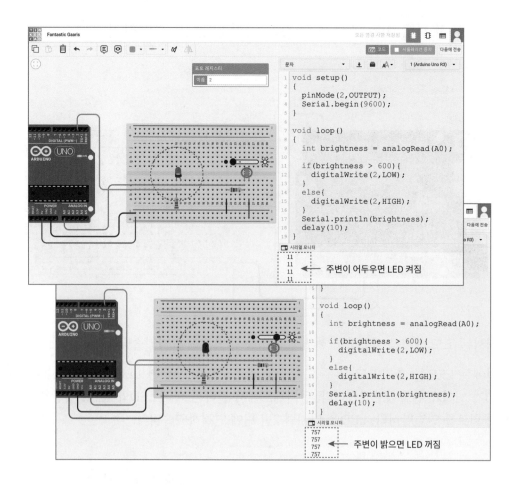

if를 이용하여 600보다 brightness 값이 크면 밝은 것으로 판단하여 LED 끄게 합니다. 반대로 600보다 작으면 어둡다고 판단하여 LED를 켜게 합니다.

실제 키트

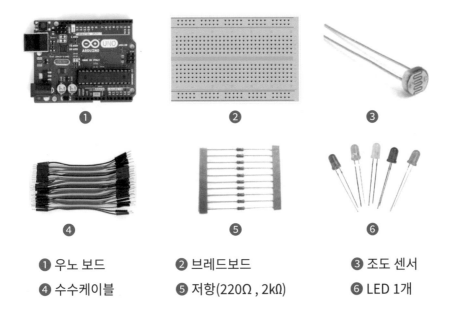

❶ 우노 보드   ❷ 브레드보드   ❸ 조도 센서
❹ 수수케이블   ❺ 저항(220Ω , 2kΩ)   ❻ LED 1개

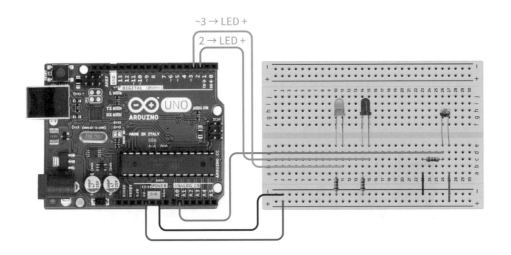

실제 키트에서는 LED를 2개 사용하겠습니다. 아래와 같이 LED를 디지털 2핀과 3핀에
연결합니다.

```
sketch_01 | Arduino IDE 2.1.0                                              —   □   ×
파일(F) 편집 스케치 도구 도움말

  ✓    →    ⟳    Ψ Arduino Uno          ▼                              ⋏  ·⊙··

  📁        sketch_01.ino                                                     ···
  🗂         1    void setup() {
            2      pinMode(2, OUTPUT);
  📚         3      pinMode(3, OUTPUT);
            4      Serial.begin(9600);
  ⊳         5    }
            6
  🔍         7    void loop() {
            8      int brightness = analogRead(A0);
            9
           10      if(brightness < 300) {
           11        digitalWrite(2, HIGH);
           12        digitalWrite(3, LOW);
           13      }
           14      else {
           15        digitalWrite(2, HIGH);
           16        digitalWrite(3, LOW);
           17      }
           18      Serial.println(brightness);
           19    }
                                                     Arduino Uno COM3 켜기   🔔  ▱
```

빨간색 LED는 어두울 때 켜지고, 노란색 LED는 밝을 때 켜지도록 코드를 작성합니다.

조건문에 들어가는 기준값은 테스트하는 상황에 따라 값이 다를 수 있습니다. Serial.
println(brightness); 코드를 추가하여 현재의 주변 상황에 따라 값을 읽고 최솟값과 최댓
값 사이의 값을 기준값으로 설정합니다.

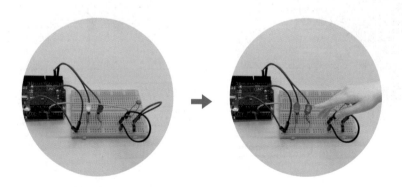

위의 왼쪽 그림에서는 조도 센서를 가리지 않아 노란색 LED가 켜집니다. 오른쪽 그림에
서는 조도 센서를 가려 값이 낮아져서 빨간색 LED가 켜집니다.

5.4 조도 센서의 값에 따라 LED 밝기 조절하기

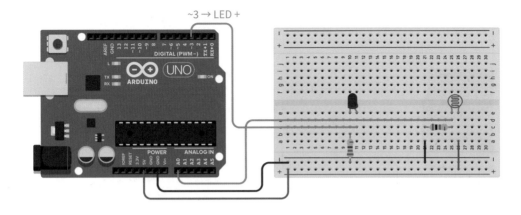

~3 → LED +

앞에서는 특정한 값을 기준으로 LED를 On/Off 했습니다. 이번에는 조도 센서가 읽은 값에 따라 LED의 밝기가 변화하도록 만들어보겠습니다. 조도 센서의 값에 따라 LED의 밝기가 바뀌어야 하므로 LED를 PWM이 가능한 디지털 3번 핀에 연결합니다.

```
1  void setup()
2  {
3    pinMode(3,OUTPUT);
4    Serial.begin(9600);
5  }
6
7  void loop()
8  {
9    int brightness = analogRead(A0);
10   int mapping_val = 0;
11
12   mapping_val = map(brightness, 11,816,255,0);
13   analogWrite(3, mapping_val);
14   Serial.println(mapping_val);
15 }
```

setup()에 pinMode(3 ,OUTPUT); 을 설정합니다.

조도 센서와 2kΩ을 이용하여 밝깃값을 측정한 결과 가장 낮은 값은 11이 나오고, 가장 높은 값은 816이 나오므로 바로 PWM에 적용할 수 없습니다. PWM의 값으로 사용할 수 있도록 map을 이용하여 값을 변환해야 합니다.

바뀐 후의 값을 저장할 mapping_val 변수를 만듭니다. 그리고 map() 함수를 사용하는데, 주변이 밝을 때 LED는 어둡게, 주변이 어두울 때 LED는 밝게 해야 하므로 11, 816, 0, 255가 아닌 11, 816, 255, 0으로 설정해야 합니다.

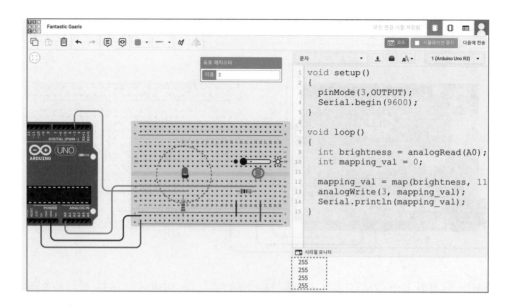

'시뮬레이터 시작'을 누르고, '시리얼 모니터'를 클릭합니다.

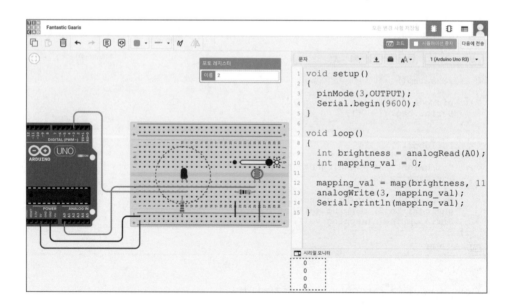

시리얼 모니터를 클릭하면 처음에는 255라는 값이 출력됩니다. 255라는 값은 mapping_ val 변수에 저장된 값인데, 조도 센서가 읽어낸 값인 11(어두울 때)~816(밝을 때)을 255(어두울 때 LED 밝기)~0(밝을 때 LED 밝기)로 변환한 값입니다. 반대로 가장 밝을 때 출력되는 값은 0이 출력되고, LED는 꺼진 상태가 됩니다.

실제 키트

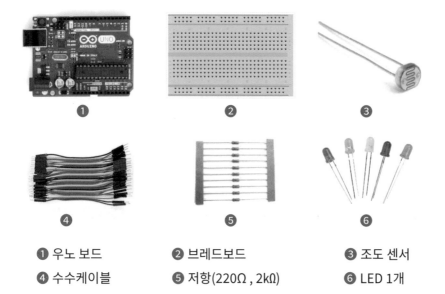

① 우노 보드　　　　② 브레드보드　　　　③ 조도 센서

④ 수수케이블　　　　⑤ 저항(220Ω , 2kΩ)　　⑥ LED 1개

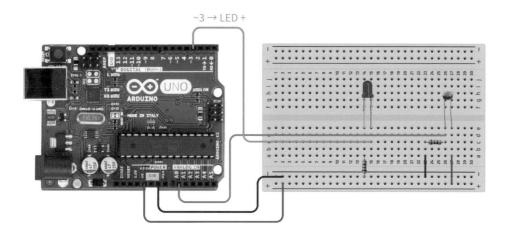

~3 → LED +

그림과 같이 회로를 만듭니다. 사용하는 케이블의 길이에 따라 조도 센서나 LED의 위치
는 달라져도 상관없습니다.

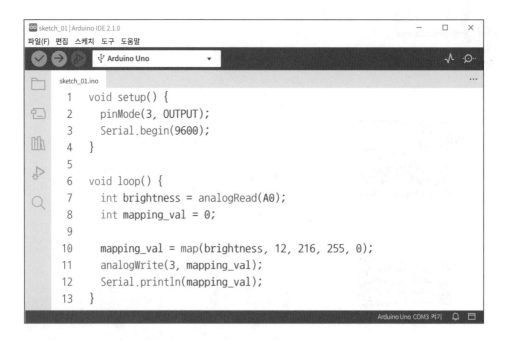

map을 이용하여 최댓값과 최솟값의 범위를 새로 만듭니다.

아래 코드에서 12와 216은 테스트 하는 환경마다 다르므로 Serial.println(brightness); 코드를 통해 먼저 밝기의 값을 확인한 후에 코드를 작성합니다.

손과 스마트폰의 플래시를 이용하여 조도 센서의 밝깃값을 다르게 하여 테스트를 진행합니다.

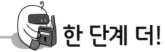

한 단계 더!

밝기에 따라서 2가지 LED를 켜고 끄는 프로그램을 만들고 아래 코드에서 빈 칸을 완성하세요.

- 아래 표를 보고 LED와 조도센서를 연결합니다.

- 빨간색, 초록색 LED를 사용합니다.

- 조도센서 값에 따라서 아래 표와 같이 2가지 LED가 켜고 꺼집니다.

디지털 2번 핀	빨간색 LED
디지털 3번 핀	초록색 LED
아날로그 0번 핀	조도센서

조도센서	200미만	200이상 400미만	400이상 600미만	600이상
빨간색LED	꺼짐	켜짐	꺼짐	켜짐
초록색LED	꺼짐	꺼짐	켜짐	켜짐

```
sketch_01 | Arduino IDE 2.1.0                                    —  □  ×
파일(F)  편집  스케치  도구  도움말

  ✓  →  ▶    Arduino Uno              ▼                         ⚡ ⚙

  sketch_01.ino                                                  ...
  1   void setup() {
  2     pinMode(2, OUTPUT);
  3     pinMode(3, OUTPUT);
  4   }
  5   void loop() {
  6     int brightness = analogRead(A0);
  7     if(brightness < [    ]) {
  8
  9
 10     }
 11     else if(brightness < 400) {
 12
 13
 14     }
 15     else if(brightness < 600) {
 16
 17
 18     }
 19     [    ] {
 20       digitalWrite(2, HIGH);
 21       digitalWrite(3, HIGH);
 22     }
 23     delay(3000);
 24   }
                                              Arduino Uno COM3 켜기  🔔 🗂
```

6 피에조 버저

'피에조 버저(Piezo Buzzer)'입니다. 피에조 버저는 '피에조 효과'를 이용하여 소리를 내는 부품입니다. 피에조 버저는 값이 저렴하고 사용이 단순하므로 장난감이나 휴대용 게임기에 들어갑니다.

이 장의 목표

❶ 피에조 버저의 원리 알기

❷ 피에조 버저로 소리내기

❸ 포텐셔미터를 이용하여 소리 바꾸기

❹ 버튼을 이용하여 피아노 음 만들기

6.1 피에조 버저의 원리 알기

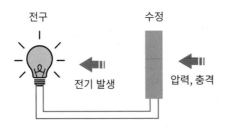

피에조 버저는 앞에서 간단히 설명한 것처럼 '피에조 효과'를 사용합니다. '피에조 효과'
는 석영, 규소, 생체의 뼈, 단백질 등의 물질에 압력을 주면 그 에너지가 전기 에너지로 변
화하여 전기를 발생시키는 것을 말합니다. 특정 물체에 압력을 가하면 전기가 발생하기
때문에 '압전효과'라고도 합니다.

피에조 효과는 압력에 의해 전기가 발생한다고 했는데 피에조 버저는 압력을 받아 전기
를 발생하는 부품이 아닙니다.

그러면 왜 피에조 효과를 사용한다고 하는 걸까요? 그 이유는 압력을 받으면 전기를 발생
하는 피에조 효과를 반대로 사용하기 때문입니다. 피에조 버저 내부에는 얇은 판이 있는
데 판에 전압을 걸면 진동을 발생시켜 소리를 냅니다.

6.2 피에조 버저로 소리내기

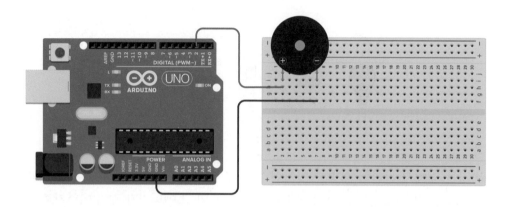

앞에서 피에조 버저의 원리를 알아보았습니다. 이제 회로를 연결하고, 코드를 작성해 소리를 내보겠습니다. 회로는 저항 없이 +로 된 곳을 디지털 핀에 연결하고 -는 GND와 연결합니다.

tone(pin, frequency, duration)

피에조 버저에서 소리를 내기 위해서는 tone() 함수를 사용해야 합니다.

첫 번째 자리 pin에는 피에조 버저와 연결된 핀 번호를 적습니다.

두 번째 자리 frequency에는 출력할 음의 주파수를 적습니다.

마지막 자리 duration은 얼마간의 시간 동안 해당 음을 낼 건지 적습니다.

duration의 단위는 ms(밀리초)이므로 1000이라고 적어야 1초 동안 소리를 내게 됩니다.

	옥타브(Octaves)							
	1	2	3	4	5	6	7	8
C(도)	32.7	65.4	130.8	261.6	523.2	1046.5	2093.0	4186.0
C#	34.6	69.3	138.6	277.2	554.4	1108.7	2217.5	4434.9
D(레)	36.7	73.4	146.8	293.7	587.3	1174.7	2349.3	4698.6
D#	38.9	77.8	155.6	311.1	622.2	1244.5	2489.0	4978.0
E(미)	41.2	82.4	164.8	329.6	659.3	1318.5	2637.0	5274.0
F(파)	43.7	87.3	174.6	349.2	698.5	1396.9	2793.8	5587.7
F#	46.2	92.5	185.0	370.0	740.0	1480.0	2960.0	5919.9
G(솔)	49.0	98.0	196.0	392.0	783.9	1568.0	3136.0	6271.9
G#	51.9	103.8	207.7	415.3	830.6	1661.2	3322.4	6644.9
A(라)	55.0	110.0	220.0	440.0	880.0	1760.0	3520.0	7040.0
A#	58.3	116.5	233.1	466.1	932.3	1864.7	3729.3	7458.6
B(시)	61.7	123.5	246.9	493.9	987.8	1975.5	3951.0	7902.1

그림의 표는 tone() 함수의 frequency에 들어가는 Hz값입니다.

왼쪽의 음계에서 음계를 선택하고 위쪽의 옥타브를 골라 해당하는 Hz를 사용하면 됩니다. 예를 들어, C4(4옥타브 도)는 반올림한 값인 262 값을 frequency에 넣어주면 됩니다.

```
void setup()
{
  pinMode(2,OUTPUT);
  tone(2,262,1000);
}

void loop()
{

}
```

피에조 버저와 연결된 디지털 2핀을 OUTPUT으로 설정하고 그 아래에 C4 음을 낼 수 있는 코드를 작성합니다.

loop()에 넣지 않는 이유는 loop()가 무한 반복이기 때문에 소리가 계속 나기 때문에 여기서는 setup()에 추가하였습니다. 계속 소리가 나도 괜찮으면 loop()에 넣어도 됩니다.

실제 키트

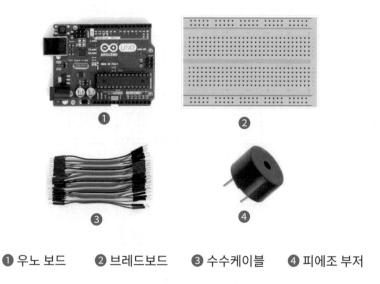

❶ 우노 보드   ❷ 브레드보드   ❸ 수수케이블   ❹ 피에조 부저

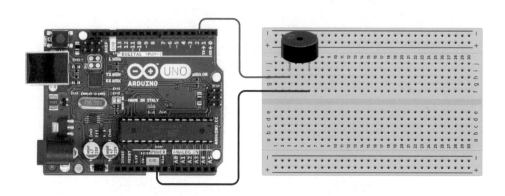

위의 그림과 같이 회로를 연결합니다. 피에조 버저도 LED처럼 두 개의 다리 길이가 다릅니다. 긴 다리가 디지털 핀과 연결되는 다리이고, 짧은 다리는 GND와 연결되는 다리입니다.

틴커캐드와 달리 키트에 있는 버저는 두 핀 사이가 브레드보드의 구멍 2개 정도의 거리로 벌어져 있습니다. 또한, 버저 부분이 크기 때문에 핀을 꽂을 때 어디에 꽂았는지 잘 확인하면서 꽂아야 합니다.

```
sketch_01 | Arduino IDE 2.1.0                                    ─   □   ×
파일(F) 편집 스케치 도구 도움말

  ✓   →   ⟳    Ψ Arduino Uno                    ▼              ⋀  ⊙

  📁        sketch_01.ino                                          ⋯
  ⊡          1   void setup() {
  ⊟          2     pinMode(2, OUTPUT);
  🕮          3     Serial,begin(9600);
             4   }
  ⏵          5
  🔍         6   void loop() {
             7     tone(2, 262, 2000);
             8     delay(4000);
             9   }
                                          Arduino Uno COM3 켜기  🔔  ⊟
```

틴커캐드에서는 setup()에 tone()을 이용하여 버저 소리를 내었습니다. 스케치 코드에서는 loop() 안에 넣어 2초 간격으로 소리를 내게 코드를 작성하겠습니다. tone 함수의 세 번째 자리의 값은 몇 초 동안 소리를 낼 건지 시간을 적습니다.

setup( )에서는 코드가 한 번만 실행되므로 2초 동안 소리가 나게 되지만, loop( ) 안에서는 tone 함수가 계속 실행되어 소리가 끊기지 않게 됩니다. 그래서 delay(4000);을 이용하여 2초 동안 소리를 내고 2초 동안 소리를 내지 않게 작성했습니다.

4

전자회로 기초 학습하기

6.3 포텐셔미터를 이용하여 소리 바꾸기

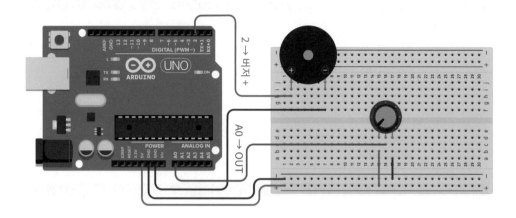

포텐셔미터(분압기)를 이용하여 4옥타브의 도부터 시까지의 소리를 조절해보겠습니다. 포텐셔미터는 아날로그 0핀과 피에조 버저 아래쪽에 연결하여 값을 읽게 합니다.

```
1  void setup() {
2    pinMode(2, OUTPUT);
3    Serial.begin(9600);
4  }
5  void loop() {
6    int sound_val = 0;
7    int mapping_val = 0;
8    sound_val = analogRead(A0);
9    mapping_val = map(sound_val, 1023, 0, 262, 493);
10   tone(2, mapping_val);
11   Serial.print(sound_val);
12   Serial.print(" / ");
13   Serial.println(mapping_val);
14 }
```

포텐셔미터를 이용하여 A0에서 읽은 값을 저장한 sound_val과 sound_val 값을 변환 하여 저장할 mapping_val 변수를 만듭니다.

포텐셔미터의 스위퍼가 가장 왼쪽에 있을 때는 1023, 가장 오른쪽에 있을 때는 0값이 나옵니다. 그래서 맨 왼쪽일 때 C4 음을 내기 위해 262 값으로 바꾸고 맨 오른쪽일 때 493으로 바꾸겠습니다.

포텐셔미터를 돌렸을 때 값이 잘 변화하는지 출력합니다. 그림의 코드는 sound_val 값 만 출력하는 게 아니라 값이 바뀐 mapping_val 값까지 출력합니다.

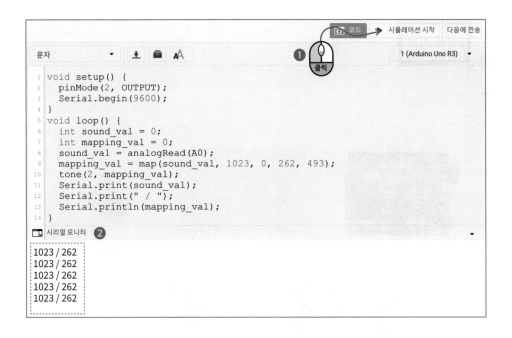

'시뮬레이션 시작'을 눌러서 확인하면 왼쪽에는 sound_val이 나오고, 오른쪽에는 mapping_val이 출력되는 것을 볼 수 있습니다.

실제 키트

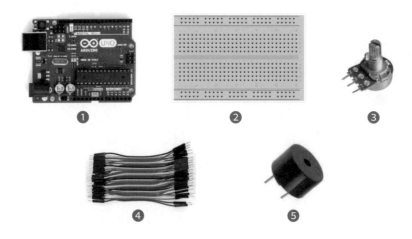

❶ 우노 보드 ❷ 브레드보드 ❸ 포텐셔미터 ❹ 수수케이블 ❺ 부저

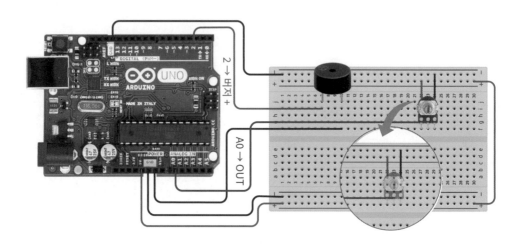

그림과 같이 회로를 연결합니다.

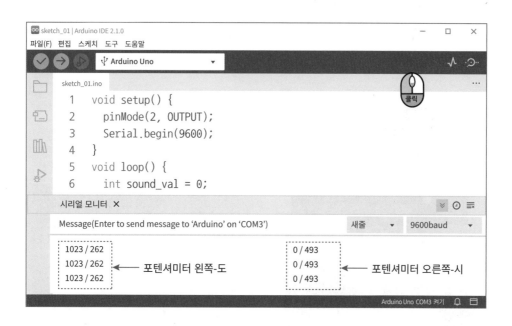

코드는 틴커캐드에서 작성한 것과 같습니다. 코드를 작성하고 업로드 버튼을 눌러 업로드한후 시리얼모니터를 눌러상태를 확인합니다.

6.4 버튼을 이용하여 피아노 음 만들기

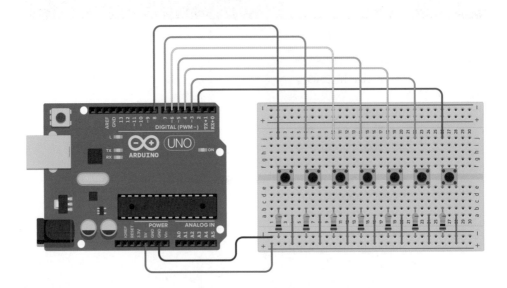

버튼과 피에조 버저를 이용하면 간단한 피아노를 만들 수 있습니다.

턴커캐드에서 우노 보드 하나와 도, 레, 미, 파, 솔, 라, 시 건반 역할을 할 버튼을 7개 가져와 아래 그림과 같이 선을 연결합니다.

버튼을 눌렀을 때를 1로 하기 위해 8번 핀부터 '도' 역할을 해줄 버튼을 풀다운 저항 방식으로 회로를 연결합니다.

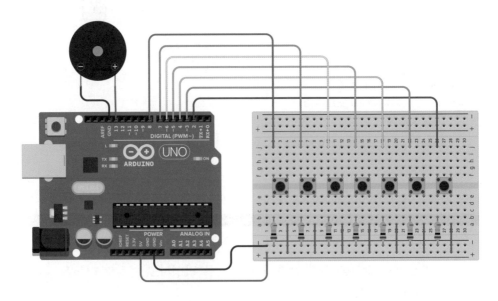

피에조 버저의 +핀을 디지털 13번 핀과 연결하고 - 를 GND와 연결합니다.

```
1  void setup() {
2    pinMode(8, INPUT); //도
3    pinMode(7, INPUT); //레
4    pinMode(6, INPUT); //미
5    pinMode(5, INPUT); //파
6    pinMode(4, INPUT); //솔
7    pinMode(3, INPUT); //라
8    pinMode(2, INPUT); //시
9    pinMode(13, OUTPUT); // 버저
10 }
11
12 void loop() {
13   int Do = digitalRead(8);
14   int Re = digitalRead(7);
15   int Mi = digitalRead(6);
16   int Fa = digitalRead(5);
17   int Sol = digitalRead(4);
18   int Ra = digitalRead(3);
19   int Si = digitalRead(2);
20
21   if(Do == 1){tone(13, 262, 1000);}
22   if(Re == 1){tone(13, 293, 1000);}
23   if(Mi == 1){tone(13, 329, 1000);}
24   if(Fa == 1){tone(13, 349, 1000);}
25   if(Sol == 1){tone(13, 391, 1000);}
26   if(Ra == 1){tone(13, 440, 1000);}
27   if(Si == 1){tone(13, 493, 1000);}
28 }
```

각각의 변수에 저장합니다.

해당하는 음의 소리를 내게 코드

setup( ) 부분에 2~8까지의 핀을 INPUT으로, 피에조 버저와 연결된 13핀은 OUTPUT 으로 설정합니다.

loop( ) 부분에는 디지털 8핀부터 디지털 2핀까지 읽은 값들을 각각 Do, Re, Mi, Fa, Sol, Ra, Si라는 변수에 저장합니다.

조건문을 이용하여 각각의 변수가 1과 같으면(각 음에 해당하는 버튼이 눌렸다면) 해당 하는 음의 소리를 내게 코드를 작성합니다.

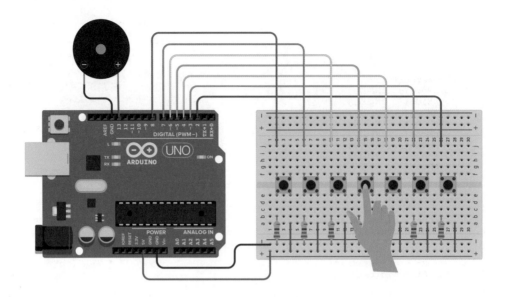

각각의 버튼을 누르면 왼쪽부터 도, 레, 미, 파, 솔, 라, 시 소리를 냅니다.

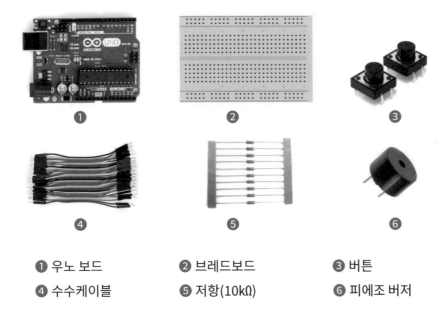

① 우노 보드　　② 브레드보드　　③ 버튼

④ 수수케이블　　⑤ 저항(10kΩ)　　⑥ 피에조 버저

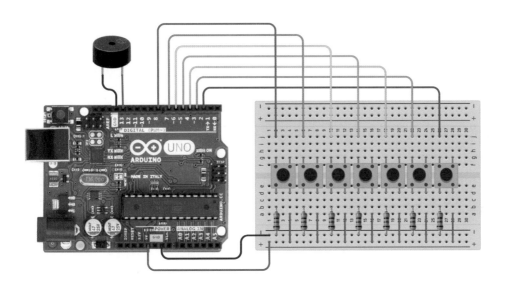

회로 연결은 틴커캐드와 똑같지만, 버튼의 크기가 다릅니다. 그림을 참고하여 회로를 연결합니다.

코드를 작성하기 전에 '배열'에 관해 알아보겠습니다.

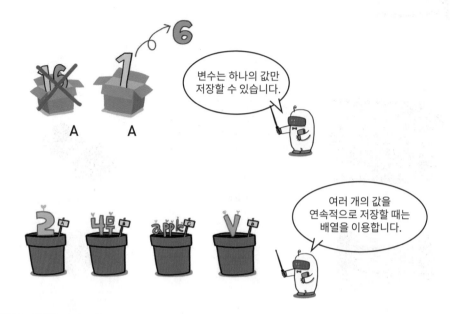

프로그램에서 어떤 값을 저장하려면 '변수'를 사용합니다. 하나의 변수는 하나의 값만 저장할 수 있으므로 여러 개의 값을 다루기에는 적합하지 않습니다. 그래서, 여러 개의 값을 연속적으로 저장할 수 있는 배열을 이용합니다. 배열을 이용하면 값을 효율적으로 관리할 수 있습니다.

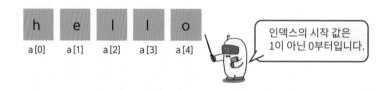

배열은 그림과 같이 연속적으로 값이 저장됩니다.

한 가지 유의할 점은 각 위치를 인덱스(Index)라고 하는데, 인덱스의 시작 값은 1이 아닌 0부터입니다. 그래서 가장 처음 위치에 저장된 h이라는 값을 불러오기 위해서는 0번째 인덱스값을 이용해야 합니다.

배열을 만드는 방법은 다음과 같습니다.

자료형 배열 이름[배열의 크기] = {배열에 저장할 값, …};

```
sketch_01 | Arduino IDE 2.1.0                                    —    □    ×
파일(F)  편집  스케치  도구  도움말

  ✓  →  ⏱         ᛘ Arduino Uno              ▼                      ⋀  ·⊙·

  ┌─    sketch_01.ino                                                    ⋯

  ☐       1    int note[7] = {261, 293, 329, 349, 391, 440, 493};
          2    int btn_lst[7] = {8, 7, 6, 5, 4, 3, 2};
  ⊡       3
          4    int setup() {
  ⬚       5      for(int i = 0; i < 7; i++){
          6        pinMode(btn_lst[i], INPUT);
  ⯈       7      }
          8      pinMode(13, OUTPUT);
  🔍      9    }
         10
         11    void loop() {
         12      for(int j = 0; j < 7; j++){
         13        if(digitalRead(btn_lst[j])){
         14          tone(13, note[j], 100);
         15        }
         16      }
         17    }

                                          Arduino Uno COM3 켜기   ⏼  ▤
```

먼저 4옥타브 도부터 시까지의 Hz값을 저장할 배열을 만듭니다.

배열의 첫 번째에 '도'에 해당하는 Hz값을 저장하고 이 값을 가져오려면 note[0]으로 코드를 작성하면 됩니다.

그리고 버튼과 연결된 디지털 핀의 값들도 btn_lst라는 배열에 저장합니다. 그 이유는 pinMode를 일일이 작성하지 않고 반복문을 이용하여 pinMode를 사용하기 위해서입니다.

버튼 7개의 pinMode를 설정하기 위해서는 pinMode( ) 함수를 7개 사용해야 합니다. 물론 7개를 다 써도 되지만 여기서는 반복문을 이용하여 버튼의 pinMode를 설정해보겠습니다.

우리가 사용할 반복문은 for 문입니다.

$$\text{for(초깃값; 조건문; 증감값)\{}$$

$$\text{실행할 문장;}$$

$$\}$$

for 문은 정해진 횟수만큼 반복할 때 유용하게 쓸 수 있는 반복문입니다. 소괄호 안에 반복문을 몇 번 실행할지 정하고, 중괄호 안에 실행할 코드를 작성합니다.

pinMode를 설정하는 for 문의 소괄호 안의 코드를 보면 초깃값에 int i = 0으로 i라는 변숫값을 만들고 0이라는 값을 대입합니다.

초깃값이 0부터 시작하는 이유는 배열의 인덱스 값이 0부터 시작하기 때문입니다. 조건문은 i<7입니다. 조건이니까 'i가 7보다 작으면 실행한다'라고 해석하면 됩니다.

마지막의 증감값에서 반복문은 한 번 실행하고 값이 얼마나 증가할지 작성합니다. 우리는 버튼 7개의 pinMode를 설정하는 것이므로 1씩 증가합니다.

loop() 안에는 조건문을 이용하여 각 버튼이 눌렸는지 확인하고 피에조 버저로 소리를 내는 코드를 작성합니다.

틴커캐드에서 만든 코드와 달리 조건문에 '=='가 없습니다. 그 이유는 풀 다운 저항 방식으로 버튼을 연결하면 버튼을 누를 때 값이 1이 나옵니다. 1은 프로그램에서 '참'이므로 그대로 조건문 괄호 안에 작성해도 조건문이 실행됩니다. 반대로 버튼을 누르지 않을 때는 0이므로 조건문이 실행되지 않습니다.

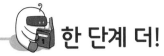 **한 단계 더!**

조도센서의 값에 따라서 소리가 달라지는 프로그램을 만들고 아래 코드에서 빈 칸을 완성하세요.

- 피에조 부저는 디지털 2번 핀에 연결합니다.
- 어두워지면 높은 음이 납니다.
- 가장 낮은 음은 262이고 가장 높은 음은 493입니다.

디지털 2번 핀	피에조 부저
아날로그 0번 핀	조도센서

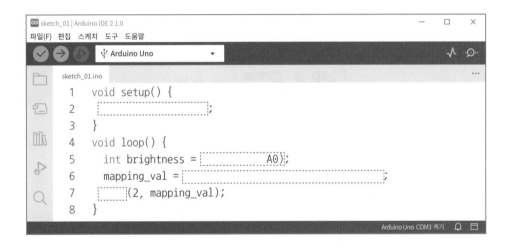

```
sketch_01 | Arduino IDE 2.1.0                              —  □  ×
파일(F)  편집  스케치  도구  도움말

         Arduino Uno                ▼

sketch_01.ino
  1    void setup() {
  2      _____;
  3    }
  4    void loop() {
  5      int brightness = _____ A0);
  6      mapping_val = _____;
  7      _____(2, mapping_val);
  8    }
                                   Arduino Uno COM3 켜기
```

Chapter

5

인공지능을 활용한 작품 만들기

p5*js

p5.js를 설명하기 전에 먼저 프로세싱에 대해서 알아보겠습니다. 2001년 MIT 미디어 연구소에서 케이시 리아스와 벤자민 프라이가 프로세싱을 개발하였습니다. 프로세싱(Processing)은 프로그래밍을 시각적으로 배울 수 있도록 개발된 오픈 소스 프로그래밍 언어이자 통합 개발 환경(IDE)입니다. 쉽게 말하면 코딩을 통해서 그림을 그려주는 언어라고 할 수 있습니다. 프로세싱을 사용하면 코딩으로 멋진 작품을 만들 수 있습니다.

이 장의 목표

❶ 기초
❷ 주요 함수와 변수 사용법 알기
❸ 다양한 그림 그리기
❹ 몬드리안 그림 그리기

1.1 기초

아두이노도 프로세싱에서 영감을 받아서 만들어졌습니다. 아두이노 문법과 개발 프로그램은 프로세싱과 비슷합니다. 아래는 프로세싱으로 만든 그림입니다.

아두이노와 아주 비슷하죠? setup 함수는 프로그램이 실행될 때 처음 한 번 실행됩니다. 아두이노의 loop 함수처럼 프로세싱의 draw 함수는 계속 반복해서 실행됩니다.

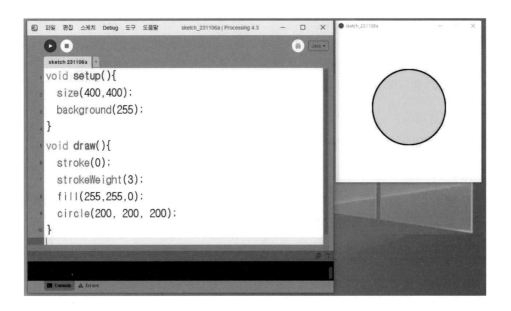

프로세싱은 자바(JAVA) 언어를 사용합니다. p5.js는 프로세싱을 자바스크립트로 만든 라이브러리입니다. 프로세싱을 거의 그대로 옮겼기 때문에 사용방법과 함수이름 등이 대부분 같습니다. 자바스크립크는 웹페이지에서 사용하는 언어입니다. 그래서 p5.js를 사용하면 웹브라우저에서도 다양한 애니메이션과 그래픽 효과를 만들 수 있어서 보다 동적인 사이트를 만들 수 있습니다.

그리고 p5.js는 비디오, 사운드, 웹캠 등을 사용할 수 있습니다. 시리얼 통신을 사용하면 아두이노와 연결해서 다양한 작품을 만들 수 있습니다. 그뿐만 아니라 티처블 머신, ML5.js와 같은 인공지능도 사용할 수 있습니다.

이 책에서는 p5.js를 사용해서 아두이노와 인공지능을 융합한 프로그램을 만들어 보겠습니다.

1.2 주요 함수와 변수 사용법 알기

이 책에서 사용할 p5.js의 주요 함수와 변수를 정리했습니다. 구체적인 사용방법은 여러 프로그램을 만들면서 알아보겠습니다. p5.js로 프로그램을 만들 때 여기 있는 함수와 변수를 참고하기 바랍니다.

더 많은 함수와 변수는 p5js.org/reference/에서 확인해보세요.

1 함수

preload() :
setup 함수 전에 실행됩니다. 외부 파일을 비동기적으로 가져올 때 사용합니다. preload 함수에서 외부 파일을 다 가져와야 setup 함수가 실행됩니다.

setup() :
프로그램이 시작되면 한 번 실행됩니다. 아두이노의 setup 함수와 같습니다.

draw() :
프레임마다 안에 있는 draw 함수 안에 있는 코드를 실행합니다. 아두이노의 loop 함수와 같습니다. 1초에 60번 반복하는 것이 기본값입니다.

frameRate(값) :
함수는 1초에 화면에 나타날 프레임 수를 정합니다. ex) frameRate(60)

mousePressed() :
마우스를 클릭하면 mousePressed 함수가 호출됩니다.

keyPressed() :
키보드를 클릭하면 keyPressed 함수가 호출됩니다.

createCanvas(너비, 높이) :
캔버스의 크기를 정합니다. ex) createCanvas(400, 400)

background(색깔) :
원하는 색깔로 캔버스의 배경을 색칠합니다. ex) background(0)

stroke(색깔) :
도형의 선 색깔을 정합니다. ex) stroke(255,41,145)

strokeWeight(크기) :
선의 굵기를 정합니다. ex) strokeWeight(10)

noStroke() :
선을 그리지 않습니다.

fill(색깔) :
도형 안에 채울 색깔을 정합니다. ex) fill("#ff0000")

noFill() :
색을 칠하지 않습니다.

color(색깔) :
색깔을 정합니다. ex) color(255,0,0)

random(최소, 최대) :
최솟값과 최댓값 사이에서 랜덤하게 수를 정합니다. 최댓값은 포함되지 않습니다.
• random() : 0 이상 1 미만의 수   • random(256) : 0 이상 256 미만의 수
• random(10, 100) : 10 이상 50 미만의 수

get(x좌표, y좌표) :
픽셀의 색깔을 읽습니다. [빨강, 초록, 파랑, 알파] 값을 반환합니다. ex) get(20, 20)

point(x좌표, y좌표) :
점을 그립니다. ex) point(200,200)

line(x좌표1, y좌표1, x좌표2, y좌표2) :
선을 그립니다. ex) line(200,0,200,200)

rect(x좌표, y좌표, 너비, 높이) :
사각형을 그립니다. ex) rect(200,200,200,200)

circle(x좌표, y좌표, 지름) :
원을 그립니다. ex) circle(200,200,100)

ellipse(x좌표, y좌표, 너비, 높이) :
타원을 그립니다. ex) ellipse(200,200,200,200)

rectMode(기준) :
사각형을 그릴 기준을 정합니다. 기본값은 CORNER입니다. ex) rectMode(CENTER)

ellipseMode(기준) :
타원을 그릴 기준을 정합니다. 기본값은 CENTER입니다. ex) ellipseMode(CORNER)

textSize(크기) :
글자 크기를 정합니다. ex) textSize(30)

text(글자, x좌표, y좌표) :
글자를 그립니다. ex) text("Hello, p5.js", 200,200)

textAlign(수평 기준, 수직 기준) :
글자를 어떻게 정렬할지 정합니다. ex) textAlign(CENTER, CENTER)

translate(x좌표, y좌표) :
그림을 그리는 기준(원점)을 이동합니다. ex) translate(200, 200)

rotate(각 또는 라디안) :
원점을 기준으로 회전합니다. ex) rotate(PI/180 * 15)

scale(값) :
원점을 기준으로 확대·축소합니다. ex) scale(0.5)

angleMode(값) :
각의 기준을 정합니다. 기본값은 라디안입니다. ex) angleMode(DEGREES)

pop() :
현재 그림 상태를 저장합니다.

push() :
저장했던 그림 상태를 가져옵니다.

image(객체, x좌표, y좌표) :
캔버스 위에 객체를 x,y좌표에서부터 그립니다. ex) image(video, 0, 0)

❷ 함수

p5.js 미리 만든 변수입니다. 이것을 시스템 변수(System Variable) 또는 내장 변수(Reserved Variable)라고 합니다. 따로 선언하지 않아도 사용할 수 있습니다.

width, height :
캔버스의 가로세로 크기를 저장합니다.

pmouseX, pmouseY :
이전 프레임의 마우스 x, y 좌표를 저장합니다.

mouseX, mouseY :
현재 프레임의 마우스 x, y 좌표를 저장합니다.

mouseIsPressed :
마우스를 클릭했는지 확인하는 변수입니다.

mouseButton :
마우스를 클릭했을 때 어떤 버튼을 클릭했는지 저장하는 변수입니다.

keyIsPressed :
키보드를 눌렀는지 확인하는 변수입니다.

key :
키보드를 눌렀을 때 어떤 키를 눌렀는지 저장합니다. (영문자, 숫자 및 기호 등)

keyCode :
키보드를 눌렀을 때 어떤 키를 눌렀는지 저장합니다. (특수키 등)

1.3 다양한 그림 그리기

p5.js로 다양한 그림을 그리는 방법을 알아보겠습니다. p5.js에서 인터넷에서 코딩을 할 수 있도록 에디터를 만들었습니다. 그래서 따로 프로그램을 다운로드 받거나 설치할 필요 없이 작품을 만들 수 있습니다. p5.js로 만든 파일을 저장·불러오기·공유 등을 쉽게 할 수 있습니다.

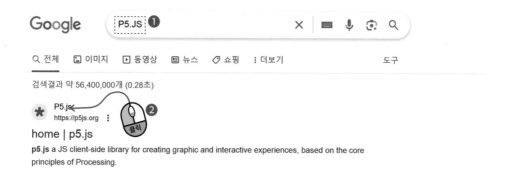

'p5.js'를 검색하거나 인터넷 브라우저 주소창에 'p5js.org'를 입력합니다.

왼쪽에 있는 'Editor(에디터)'를 클릭합니다.

에디터를 사용할 때 회원가입 후 로그인을 해야 파일을 저장하거나 공유할 수 있습니다.
오른쪽 위에 있는 'Sign up' 버튼을 클릭해서 회원가입 후 로그인합니다. 구글이나 깃허브
계정으로 쉽게 가입할 수 있습니다.

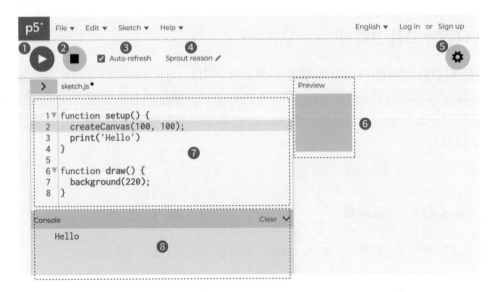

❶ 실행 ❷ 정지 ❸ 자동실행 ❹ 파일명 ❺ 설정 ❻ 코드 편집기 ❼ 콘솔 ❽ 출력화면

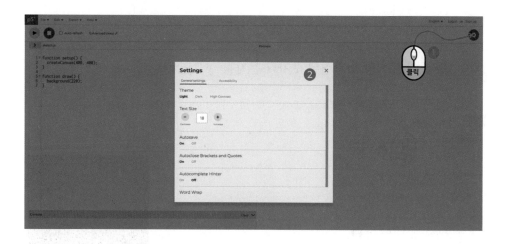

오른쪽 위 톱니바퀴를 클릭하면 설정 메뉴가 나옵니다.

설정 메뉴에서 여러 가지 세팅을 할 수 있습니다. 테마, 글자 크기 등을 정합니다.

```
1  function setup() {
2    createCanvas(400, 400);
3  }
4
5  function draw() {
6    background(220);
7  }
```

위와 같이 왼쪽 코드 편집기에서 코딩합니다.

여러 가지 함수 중에 먼저 background 함수 사용방법을 알아보겠습니다. p5.js에서 그림을 그리는 곳을 캔버스라고 합니다. background 함수는 캔버스의 배경 색깔을 정하는 함수입니다. 함수 안에 색깔과 관련된 숫자나 문자를 넣으면 됩니다.

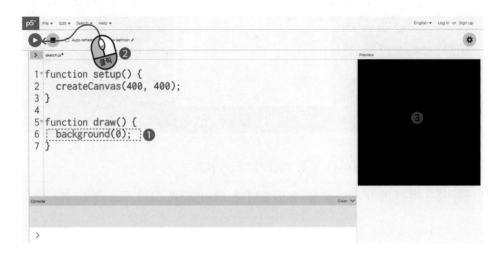

background 함수 안에 숫자를 0으로 바꾸고 '재생' 버튼을 클릭면 오른쪽 Preview에 코딩한 결과가 나옵니다. background(0)을 하면 검은색으로 캔버스 배경 색깔이 바뀝니다.

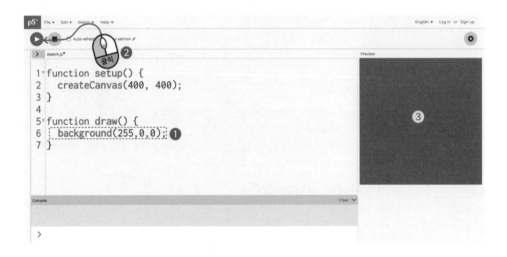

255, 0, 0으로 바꾸면 빨간색이 됩니다. 이렇게 p5.js의 함수를 사용해서 다양한 작품을 만들면 됩니다.

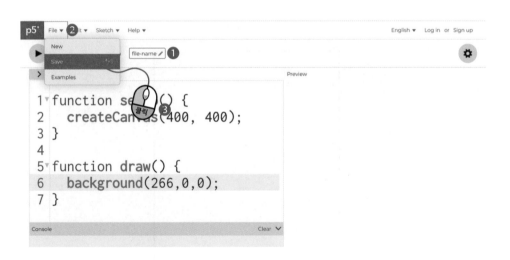

'Auto-refresh' 기능을 사용하면 코드가 바뀔 때 자동으로 다시 그림을 그려줍니다. 다시
재생 버튼을 클릭하지 않아도 됩니다.

파일 이름을 입력하고 Ctrl(또는 Command) + S를 누르거나 'File'-'Save'를 순서대로 클릭
하면 저장됩니다.

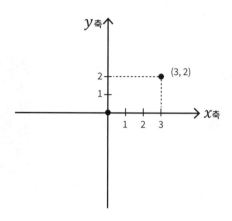

p5.js로 코딩할 때 알아야 두 가지가 있습니다. 첫 번째는 좌표고 두 번째는 색깔입니다. p5.js에서 어떻게 좌표를 정하는지 먼저 알아보겠습니다. 우리가 (3, 2)를 좌표에서 표시하라고 하면 다음과 같이 표시할 것입니다. 우리가 일반적으로 사용하는 좌표는 가운데가 기준입니다.

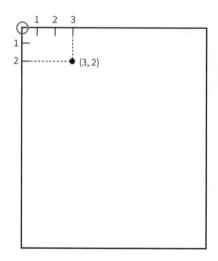

하지만 p5.js에서는 기준이 왼쪽 위가 됩니다. 빨간색으로 표시한 곳이 p5.js의 기준점(원점)으로 x, y 좌푯값이 0이 됩니다.

우리가 수학 그래프를 그릴 때 사용하는 y 좌푯값은 위로 올라갈수록 값이 커집니다. 하지만 p5.js에서는 아래로 내려갈수록 값이 커집니다. y 좌푯값이 작아지면 위로 올라갑니다.

두 번째는 색깔입니다. p5.js에서는 여러 가지 방법으로 색깔을 정할 수 있습니다.

background(0)과 같이 값이 하나 넣으면 그레이 스케일(gray scale)입니다. 0이 가장 어두운 검은색이고, 255가 가장 밝은 흰색입니다.

background(255, 0, 0)과 같이 RGB(빛의 3원색) 값을 넣어서 색을 정할 수 있습니다. 여기서 R은 Red(빨강), G는 Green(초록), B는 Blue(파랑)입니다.

RGB는 0~255 값을 넣어서 정합니다.

RGBA로 투명도를 정할 수 있습니다. A는 알파(Alpha)로 투명도를 나타냅니다.

0이면 완전 투명이고 255이면 완전 불투명이 됩니다. 그리고 16진법 표현인 헥스 코드가 있습니다. 앞에 '#' 기호를 붙입니다.

16진법은 0부터 F를 사용해서 수를 표현합니다. 한 자리에 16개의 숫자를 나타낼 수 있습니다.

한 자리가 16개의 숫자를 나타내기 때문에 두 자리는 16 X 16으로 256개의 숫자를 나타냅니다. FF를 10진법으로 바꾸면 255가 됩니다.

헥스 코드에서 처음 두 자리는 Red(빨강), 가운데 두 자리는 Green(초록), 마지막 두 자리는 Blue(파랑)을 나타냅니다.

#RRGGBB

컬러	10진 표현	16진 표현
Red	background(255, 0, 0)	background(#FF0000)
Green	background(0, 255, 0)	background(#00FF00)
Blue	background(0, 0, 255)	background(#0000FF)

p5.js에서 사용할 수 있는 다양한 함수와 변수가 있습니다.

p5.js에서도 아두이노와 비슷한 setup과 draw함수가 있습니다.

setup함수는 프로그램이 실행되면 한 번 호출됩니다. 아두이노의 setup함수와 같습니다. 아래 코드가 실행되면 너비 400 × 높이 400 크기의 캔버스가 만들어집니다.

```
function setup() {
  createCanvas(400, 400);
}
```

draw 함수는 매 프레임마다 호출됩니다. 아두이노의 loop 함수와 같습니다. 기본 설정값은 초당 60 프레임입니다. 즉 1초당 60번 반복합니다.

아두이노	p5.js
setup 함수	setup 함수
loop 함수	draw 함수

시스템 변수(System Variable)는 p5.js에 미리 등록된 전역변수입니다. 따로 선언할 필요 없습니다. 코드가 실행될 때 프로그램의 상태나 동작에 대한 정보를 저장하고 있는 변수입니다. 내장변수(Reserved Variable)라고도 합니다.

width, height, mouseX, mouseY 등이 시스템 변수입니다. p5.js에서 사용할 수 있는 시스템 변수는 여러 프로그램을 만들면서 배우겠습니다.

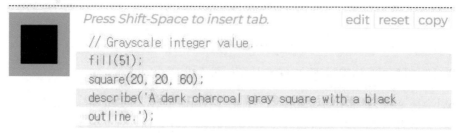

p5.js 사이트에서 Reference 메뉴를 클릭하면 p5.js에서 사용할 수 있는 다양한 함수와 변수를 볼 수 있습니다. 클릭하면 구체적인 사용방법이 예시와 함께 나와있습니다.

기본적인 그림을 그리면서 어떻게 함수를 사용하는지 알아보겠습니다.

```
p5*   File ▼  Edit ▼  Sketch ▼  Help ▼                                    English ▼  Log in  or  Sign up

▶  ■  ☐ Auto-refresh   Cultured measure ✎                                                    ⚙

>  sketch.js*                                                       Preview

1  function setup() {
2    createCanvas(400, 400);
3    background(255);
4  }
5
6  function draw() {
7    point(200,200);
8  }

Console                                                            Clear ∨

>
```

먼저 점을 그려보겠습니다. point 함수를 사용해서 점을 그립니다. point(200,200) 코드
를 실행하면 (200, 200)에 점이 그려집니다. 기본값은 검은색입니다.

```
p5*   File ▼  Edit ▼  Sketch ▼  Help ▼                                    English ▼  Log in  or  Sign up

▶  ■  ☑ Auto-refresh   Cultured measure ✎                                                    ⚙

>  sketch.js*                                                       Preview

1  function setup() {
2    createCanvas(400, 400);
3    background(255);
4  }
5                                                                        •
6  function draw() {
7    stroke(255,41,145);
8    strokeWeight(10);
9    point(200,200);
10 }
11

Console                                                            Clear ∨

>
```

stroke 함수로 선(점)의 색깔을 정하고 strokeWeight 함수로 선(점)의 굵기를 정합니다.

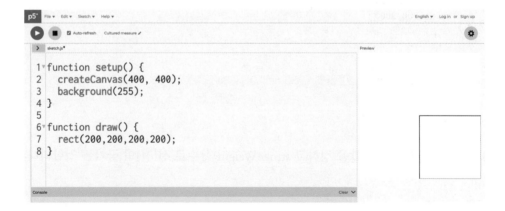

```
1 function setup() {
2   createCanvas(400, 400);
3   background(255);
4 }
5
6 function draw() {
7   line(200,0,200,200);
8 }
```

line 함수로 선을 그립니다. (200,0)부터 (200,200)까지 선을 그립니다.

```
1 function setup() {
2   createCanvas(400, 400);
3   background(255);
4 }
5
6 function draw() {
7   stroke(255,41,145);
8   strokeWeight(10);
9   line(200,0,200,200);
10 }
```

선의 색깔과 굵기를 바꿀 수 있습니다.

```
1 function setup() {
2   createCanvas(400, 400);
3   background(255);
4 }
5
6 function draw() {
7   rect(200,200,200,200);
8 }
```

사각형을 그려보겠습니다. rect(x좌표, y좌표, 너비, 높이)로 사각형을 그립니다. x 좌표와 y 좌표는 사각형이 시작점인 왼쪽 위를 말합니다.

rect(200,200,200,200)라고 하면 (200, 200) 좌표에서 너비가 200, 높이가 200이 사각형을 그리라는 뜻입니다.

따로 설정하지 않으면 테두리는 검은색, 안에 색깔은 하얀색이 됩니다.

```
p5*  File ▼  Edit ▼  Sketch ▼  Help ▼                    English ▼  Log in  or  Sign up

▶  ■  ☑ Auto-refresh    Cultured measure ✎                                    ⚙

>  sketch.js*                                            Preview

1  function setup() {
2    createCanvas(400, 400);
3    background(255);
4  }
5
6  function draw() {
7    fill("#ff2991");
8    rect(200,200,200,200);
9  }

Console                                                  Clear ∨
```

fill 함수로 안에 색깔을 정합니다. 헥스 코드를 사용해서 색깔을 정해봤습니다.

```
p5*  File ▼  Edit ▼  Sketch ▼  Help ▼                    English ▼  Log in  or  Sign up

▶  ■  ☑ Auto-refresh    Cultured measure ✎                                    ⚙

>  sketch.js*                                            Preview

1  function setup() {
2    createCanvas(400, 400);
3    background(255);
4  }
5
6  function draw() {
7    fill("#ff2991");
8    rect(200,200,100,100);
9    noFill();
10   rect(200,200,200,200);
11 }

Console                                                  Clear ∨
```

색을 칠하지 않기 위해서는 noFill 함수를 사용합니다. 그러면 색이 칠해지지 않고 투명해집니다.

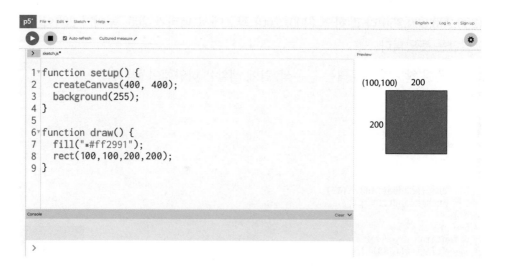

사각형은 왼쪽 위를 기준으로 그려집니다. 그래서 rect(100,100,200,200)로 코딩해야 화면 가운데에 정사각형이 생깁니다.

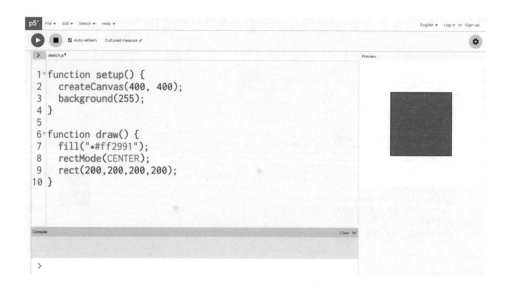

사각형의 중심 기준을 바꿔서 그림을 그릴 수도 있습니다.

rectMode(CENTER)를 하면 가운데가 기준이 됩니다.

CENTER는 p5.js에서 이미 만들어 놓은 변수입니다. 우리가 변수를 만들지 않았지만 사용할 수 있습니다.

사각형의 중심 기준의 기본값은 CORNER입니다.

```
p5*  File ▾  Edit ▾  Sketch ▾  Help ▾                                    English ▾  Log in  or  Sign up
▶  ■  ☑ Auto-refresh    Cultured measure ✎                                                      ⚙
>  sketch.js•                                                Preview
1▾ function setup() {
2    createCanvas(400, 400);
3    background(255);
4  }
5
6▾ function draw() {
7    stroke("■#0000ff");
8    strokeWeight(5);
9    fill("■#ff2991");
10   rectMode(CENTER);
11   rect(200,200,200,200);
12 }
Console                                 ᴎ                              Clear ▾
```

테두리의 색깔과 굵기를 바꿀 수 있습니다.

```
p5*  File ▾  Edit ▾  Sketch ▾  Help ▾                                    English ▾  Log in  or  Sign up
▶  ■  ☑ Auto-refresh    Cultured measure ✎                                                      ⚙
>  sketch.js•                                                Preview
1▾ function setup() {
2    createCanvas(400, 400);
3    background(255);
4  }
5
6▾ function draw() {
7    noStroke();
8    fill("■#ff2991");
9    rectMode(CENTER);
10   rect(200,200,200,200);
11 }
Console                                                                Clear ▾
```

noStroke 함수를 호출하면 테두리가 그려지지 않습니다.

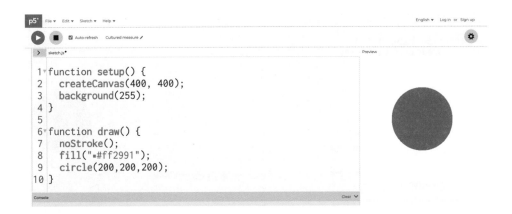

```
p5*  File ▾  Edit ▾  Sketch ▾  Help ▾                                    English ▾  Log in  or  Sign up
▶  ■  ☑ Auto-refresh    Cultured measure ✎                                                      ⚙
>  sketch.js•                                                Preview
1▾ function setup() {
2    createCanvas(400, 400);
3    background(255);
4  }
5
6▾ function draw() {
7    noStroke();
8    fill("■#ff2991");
9    circle(200,200,200);
10 }
Console                                                                Clear ▾
```

circle 함수로 원을 그려보겠습니다. circle(x좌표, y좌표, 지름)로 원을 그립니다.

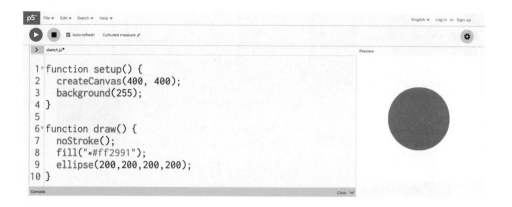

ellipse로도 원을 그릴 수 있습니다. ellipse(x좌표, y좌표, 너비, 높이)로 타원을 그리는데 너비와 높이가 같으면 원이 그려집니다.

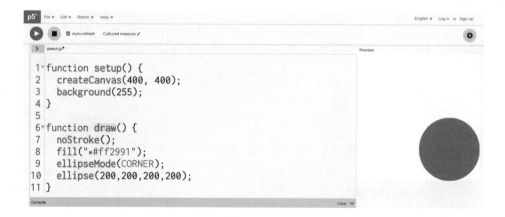

너비와 높이가 다르면 타원이 그려집니다.

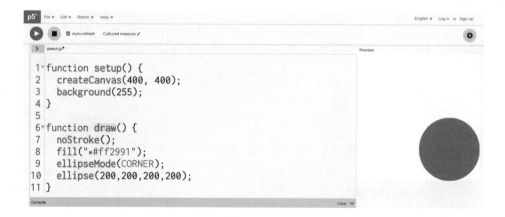

원도 기준점을 정할 수 있습니다. 기본값은 CENTER다. ellipseMode(CORNER)로 왼쪽 위를 기준으로 원을 그릴 수 있습니다.

```
p5*  File ▼  Edit ▼  Sketch ▼  Help ▼                                    English ▼  Log in  or  Sign up

  ▶  ■  ☑ Auto-refresh   Cultured measure ✎                                                    ⚙

  ⟩  sketch.js*                                              Preview
 1 function setup() {
 2   createCanvas(400, 400);
 3   background(255);
 4 }
 5                                                              Hello, p5.js
 6 function draw() {                                            (200,200)
 7     fill("▪#ff2991");
 8     textSize(30);
 9     text("Hello, p5.js", 200,200);
10 }

  Console                                                Clear ∨

  ⟩
```

글자도 그릴 수 있습니다.

textSize 함수로 글자의 크기를 정합니다. 픽셀 단위로 정합니다.

text함수로 글자를 그립니다. text(글자, x좌표, y좌표)로 원하는 좌표에 글자를 그립니다.

글자를 그릴 때 왼쪽 아래가 기준입니다.

```
p5*  File ▼  Edit ▼  Sketch ▼  Help ▼                                    English ▼  Log in  or  Sign up

  ▶  ■  ☑ Auto-refresh   Cultured measure ✎                                                    ⚙

  ⟩  sketch.js*                                              Preview
 1 function setup() {
 2   createCanvas(400, 400);
 3   background(255);
 4 }
 5                                                            Hello, p5.js
 6 function draw() {                                          (200,200)
 7     stroke("▪#000000");
 8     strokeWeight(3);
 9     fill("▪#ff2991");
10     textAlign(CENTER, CENTER);
11     textSize(30);
12     text("Hello, p5.js", 200,200);
13 }

  Console                                                Clear ∨

  ⟩
```

textAlign(CENTER, CENTER)로 글자를 가운데 정렬할 수 있습니다.

1.4 몬드리안 그림 그리기

피트 몬드리안(Piet Mondrian)은 네덜란드 출신의 화가로, 형식적이고 추상적인 작품으로 유명한 예술가입니다. 몬드리안의 작품은 주로 수평과 수직의 선, 그리고 기본적인 색상을 사용하여 조각적인 형태를 만들어 냈습니다. 그의 대표작 중 하나인 '데 스틸(Mondrian Composition)' 시리즈는 교차하는 수평 및 수직선으로 격자를 만들고, 기본 색상인 빨강, 파랑, 노랑, 검정 등을 사용하여 평면을 구성한 것으로 유명합니다.

```
function setup() {
  createCanvas(300, 300);
  background(200);
  strokeWeight(5);
}

function draw() {
  fill("#ffff00");
  rect(0,0,100,150);
  fill("#ffffff");
  rect(0,150,100,100);
  fill("#0000ff");
  rect(0,250,100,50);
  fill("#ff0000");
  rect(100,0,200,250);
  fill("#ffffff");
  rect(100,250,150,50);
  rect(250,250,50,50);
}
```

p5.js로 몬드리안 스타일의 작품을 만들어 보겠습니다. 좌표와 색깔을 잘 확인해서 rect 함수로 사각형을 그립니다. strokeWeight 함수로 사각형의 테두리 굵기를 정합니다.

이 책에 있는 예제는 editor.p5js.org/itple/sketches에서 확인할 수 있습니다. 따라 하다가 어려운 부분이 있다면 참고하기 바랍니다.

한 단계 더!

무지개색으로 원을 여러 개 그려보겠습니다. 아래 코드에서 빈칸을 완성하세요.

- 각 원의 지름은 표와 같습니다.
- 가운데는 빨간색 원이고 가장 바깥쪽은 보라색 원입니다.
- 여러 개의 원을 그릴 때는 가장 큰 원부터 그려야 합니다.

색깔	빨강	주황	노랑	초록	파랑	남색	보라
헥스 코드	#ff0000	#ff8c00	#ffff00	#008000	#0000ff	#4b0082	#800080
지름	50	100	150	200	250	300	350

```
1  let colors = ["■#ff0000","■#ff8c00", "■#ffff00", "■
   #008000", "■#0000ff", "■#4b0082", "■#800080"]
2
3  function setup() {
4    createCanvas(400, 400);
5    [        ]();
6    [        ](255);
7  }
8
9  function draw() {
10   let length = [        ].length;
11   for(let i=0; i<length; i++){
12     fill(colors[        ]);
13     circle(width/  , height/  , 50*(        ));
14   }
15 }
```

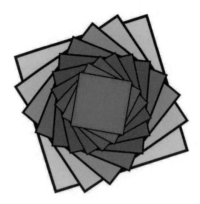

미디어 아트는 예술을 만들 때 컴퓨터와 다양한 디지털 기술을 사용하는 것을 말합니다. 그래픽 디자인, 음악, 애니메이션, 게임 등 다양한 형태로 표현할 수 있습니다. 미디어 아트는 창의적이고 재미있는 예술 형태로, 다양한 분야에서 활용됩니다. 그러면 p5.js로 멋진 미디어 아트를 만들어 보겠습니다.

이 장의 목표

❶ translate, rotate, pop, push 사용법 이해하기
❷ 마우스와 키보드 사용법 알기
❸ 미디어 아트 작품 만들기

2.1 translate, rotate, pop, push 사용법 이해하기

p5.js로 멋진 미디어 아트를 만들기 위해서 translate, rotate, pop, push 함수를 잘 알아야 합니다.

회전하는 사각형을 만들면서 각 함수의 사용방법을 알아보겠습니다.

```
function setup() {
  createCanvas(400, 400);
  background(255);
}

function draw() {
  noStroke();
  fill("#ff2991");
  rectMode(CENTER);
  rect(200,200,200,200);
}
```

캔버스를 400 X 400 크기로 만듭니다. 그리고 캔버스 가운데에 한 변의 크기가 200인 정사각형을 그립니다.

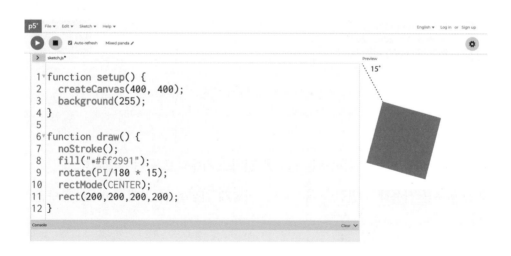

rotate 함수를 사용하면 원점을 기준으로 캔버스를 15도 회전하겠습니다.

rotate 함수의 인자로 라디안 값을 넣습니다. 라디안은 원의 반지름에 대한 호의 길이의 비로 각을 정하는 것을 말합니다. PI는 180도입니다. 그래서 15도 회전하려면 'rotate(PI/180 * 15)'로 코딩합니다. 그러면 원점을 중심으로 시계 방향으로 회전합니다.

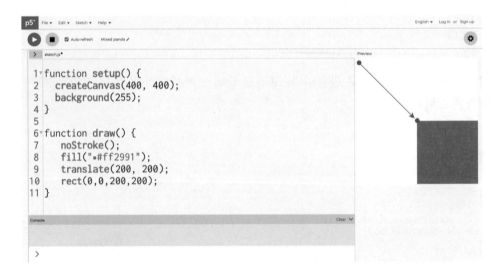

```
function setup() {
  createCanvas(400, 400);
  background(255);
}

function draw() {
  noStroke();
  fill("■#ff2991");
  rect(0,0,200,200);
}
```

원점을 기준으로 사각형을 그립니다.

```
function setup() {
  createCanvas(400, 400);
  background(255);
}

function draw() {
  noStroke();
  fill("■#ff2991");
  translate(200, 200);
  rect(0,0,200,200);
}
```

회전하는 사각형을 만들기 위해서는 원점을 캔버스 가운데로 옮겨야 합니다.

translate 함수를 사용해서 원점을 옮깁니다. 이렇게 원점을 옮길 때 translate 함수를 사용합니다.

```
1  function setup() {
2    createCanvas(400, 400);
3    background(255);
4  }
5
6  function draw() {
7    noStroke();
8    fill("#ff2991");
9    translate(200, 200);
10   rectMode(CENTER);
11   rect(0,0,200,200);
12 }
```

rectMode(CENTER)로 사각형 그리는 기준을 가운데로 정합니다. 그러면 위의 코드와 마찬가지로 가운데에 정사각형이 그려집니다.

```
1  function setup() {
2    createCanvas(400, 400);
3    background(255);
4  }
5
6  function draw() {
7    noStroke();
8    fill("#ff2991");
9    translate(200, 200);
10   rotate(PI/180 * 15);
11   rectMode(CENTER);
12   rect(0,0,200,200);
13 }
```

그리고 rotate 함수를 사용하면 사각형이 중심을 기준으로 회전합니다.

인공지능을 활용한 작품 만들기

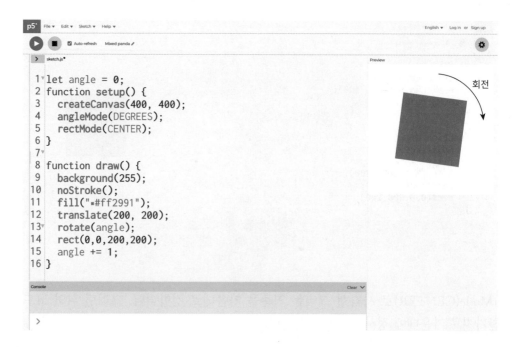

회전하는 사각형을 만들기 위해서 background(255)을 draw 함수 안에 코딩해야 합니다. background 함수는 배경색을 색칠하는 함수로 draw 함수 안에 코딩하지 않으면 이전 프레임에 그렸던 것이 남아있게 됩니다.

angleMode(DEGREES) 코드를 넣으면 회전할 때 라디안이 아니라 우리가 흔히 사용하는 도(°)를 사용할 수 있습니다. angle 변수를 만들고 프레임마다 1씩 더해서 회전하도록 합니다. 위와 같이 코딩하면 1도씩 회전하는 사각형을 만들 수 있습니다.

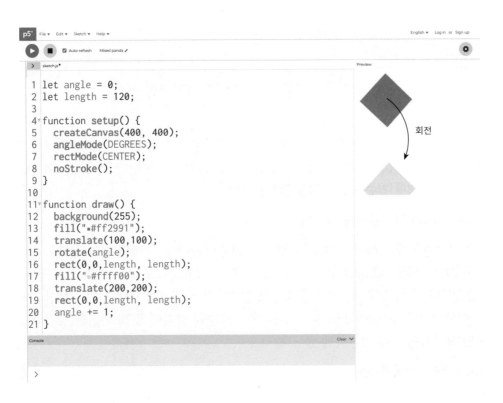

```
1 function setup() {
2   createCanvas(400, 400);
3   rectMode(CENTER);
4 }
5
6 function draw() {
7   background(255);
8   noStroke();
9   fill("#ff2991");
10   translate(50, 50);
11   rect(0,0,100,100);
12   fill("#ffff00");
13   translate(50, 50);
14   rect(0,0,100,100);
15   fill("#ff4f22");
16   translate(50, 50);
17   rect(0,0,100,100);
18 }
```

(50, 50)
(100, 100)
(150, 150)

translate할 때 이전 원점에서 이동하게 됩니다. 위와 같이 translate(50, 50)를 3번 실행하면 캔버스의 중심이 (150,150)이 됩니다.

```
1 let angle = 0;
2 let length = 120;
3
4 function setup() {
5   createCanvas(400, 400);
6   angleMode(DEGREES);
7   rectMode(CENTER);
8   noStroke();
9 }
10
11 function draw() {
12   background(255);
13   fill("#ff2991");
14   translate(100,100);
15   rotate(angle);
16   rect(0,0,length, length);
17   fill("#ffff00");
18   translate(200,200);
19   rect(0,0,length, length);
20   angle += 1;
21 }
```

회전

2개의 사각형이 각각 중심을 기준으로 회전하는 프로그램을 만들어 보겠습니다. 위와 같이 코딩하면 핑크색(왼쪽 위) 사각형을 기준으로 노란색(오른쪽 아래) 사각형이 회전하게 됩니다. 회전할 때 기준이 (100,100)이기 때문입니다.

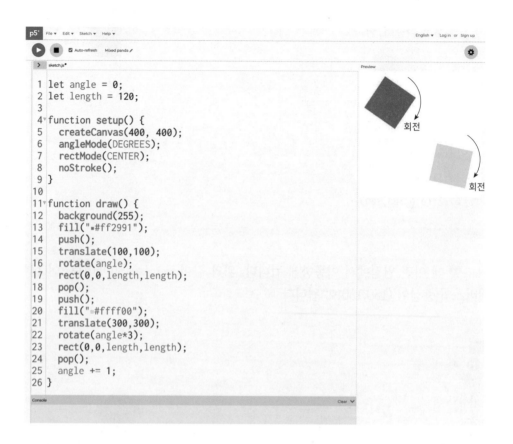

사각형이 따로 회전하려면 원점을 다시 노란색 사각형으로 정해야 합니다. 핑크색 사각형을 회전할 때는 핑크색 사각형을 기준으로 원점을 정하고, 노란색 사각형을 회전할 때는 노란색 사각형을 기준으로 원점을 정하는 것입니다.

이때 pop와 push 함수를 사용합니다.

핑크색 사각형을 회전하기 전에 push 함수를 호출했습니다. 그러면 현재 상태를 저장합니다. 현재는 원점이 (0,0)입니다. 그리고 원점을 (100,100)으로 옮기고 핑크색 사각형을 회전했습니다. 그다음에 pop 함수를 호출했습니다. 그러면 아까 저장했던 상태를 불러옵니다. 이때 원점은 (0,0)이였죠? 다시 노란색 사각형을 중심에 맞게 원점을 옮기고 회전을 하면 사각형이 각각 회전하게 됩니다.

p5.js로 다양한 작품을 만들 때 꼭 알아야 하는 개념인데, 처음에는 이해하기 어려울 수 있습니다. translate 함수를 호출해서 원점을 옮길 때 push와 pop 함수를 잘 사용해야 한다는 것을 꼭 기억하기 바랍니다.

2.2 마우스와 키보드 사용법 알기

p5.js는 마우스와 키보드를 함께 사용해서 작품을 만들 수 있습니다. 먼저 마우스를 어떻게 사용하는지 알아보겠습니다.

```
function setup() {
  createCanvas(400, 400);
  background(255);
  stroke("#ff2991");
  strokeWeight(5);
}

function draw() {
    line(pmouseX, pmouseY, mouseX, mouseY);
}
```

(pmouseX, pmouseY)

(mouseX, mouseY)

pmouseX, pmouseY 이전 프레임의 마우스 위치 좌표를 저장하는 시스템 변수입니다. p는 previous의 약자입니다.

mouseX, mouseY 현재 프레임의 마우스 위치 좌표를 저장하는 시스템 변수입니다.

line 함수를 사용해서 마우스를 움직이면 선을 그리는 프로그램을 만들 수 있습니다.

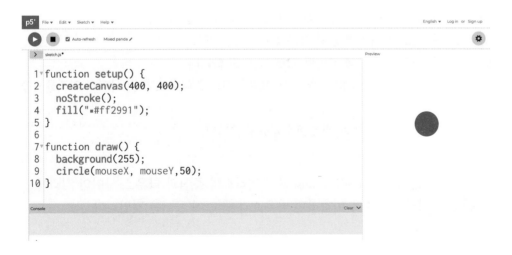

```
function setup() {
  createCanvas(400, 400);
  noStroke();
  fill("#ff2991");
}

function draw() {
  background(255);
  circle(mouseX, mouseY,50);
}
```

mouseX와 mouseY 변수를 사용해서 마우스를 따라다니는 원을 만들어 보겠습니다. background(255)를 draw() 함수 안에 넣습니다.

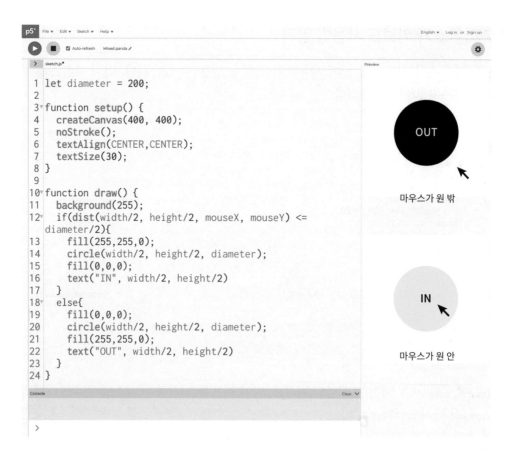

```
1 let diameter = 200;
2
3 function setup() {
4   createCanvas(400, 400);
5   noStroke();
6   textAlign(CENTER,CENTER);
7   textSize(30);
8 }
9
10 function draw() {
11   background(255);
12   if(dist(width/2, height/2, mouseX, mouseY) <=
   diameter/2){
13     fill(255,255,0);
14     circle(width/2, height/2, diameter);
15     fill(0,0,0);
16     text("IN", width/2, height/2)
17   }
18   else{
19     fill(0,0,0);
20     circle(width/2, height/2, diameter);
21     fill(255,255,0);
22     text("OUT", width/2, height/2)
23   }
24 }
```

마우스가 원 밖

마우스가 원 안

마우스가 원 안에 들어가면 색깔과 글씨가 바뀌는 프로그램을 만들어 보겠습니다.

- 마우스가 원 안에 들어오면 원이 노란색으로 바뀝니다.
- 마우스가 원 안에 들어오면 검은색 글씨로 'IN'이라고 씁니다.
- 마우스가 원 밖으로 나가면 원이 검은색으로 바뀝니다.
- 마우스가 원 밖이면 노란색 글씨로 'OUT'이라고 씁니다.
- 캔버스 가운데에 지름이 200이 원을 그립니다. 그리고 마우스와 원 사이의 거리를 구합니다.
- 두 점 사이의 거리를 구할 때 dist 함수를 사용합니다.

dist(width/2, height/2, mouseX, mouseY)는 캔버스의 중심과 마우스 사이의 거리를 구합니다. 만약 이 거리가 반지름 이하라면 마우스가 원 안에 들어온 것입니다.

원을 마우스로 클릭하면 숫자가 1씩 커지는 프로그램을 만들어 보겠습니다.

dist 함수를 사용해서 마우스가 원 안에 들어왔는지 확인합니다.

mouseIsPressed는 캔버스 위에서 마우스를 클릭했는지 확인하는 변수입니다. 마우스를 클릭했으면 참(true)이고 그렇지 않으면 거짓(false)입니다.

mouseButton는 마우스를 클릭했을 때 어떤 버튼을 클릭했는지 저장하는 변수입니다.

왼쪽이면 LEFT, 오른쪽이면 RIGHT입니다.

누르지 않으면 0이 됩니다.

'mouseIsPressed && mouseButton == LEFT'는 마우스 왼쪽 버튼을 클릭했을 때를 말합니다.

frameRate 함수는 1초에 화면에 나타날 프레임 수를 정합니다. frameRate(10)를 호출하면 1초에 10프레임을 그립니다.

frameRate(10)을 사용하지 않으면 클릭했을 때 숫자가 너무 빨리 바뀝니다.

number 변수를 만들고 text 함수로 클릭한 숫자를 나타냅니다.

인공지능을 활용한 작품 만들기

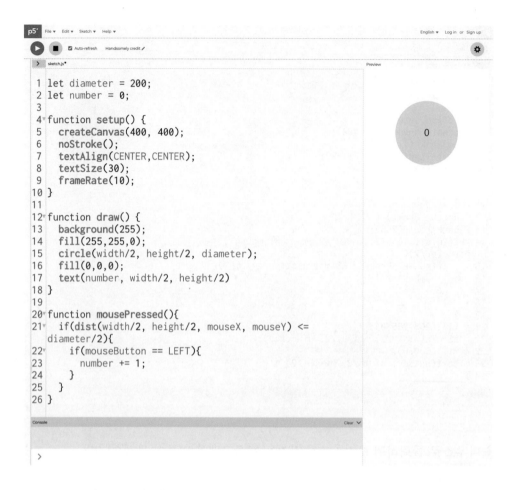

```
1  let diameter = 200;
2  let number = 0;
3
4  function setup() {
5    createCanvas(400, 400);
6    noStroke();
7    textAlign(CENTER,CENTER);
8    textSize(30);
9    frameRate(10);
10 }
11
12 function draw() {
13   background(255);
14   fill(255,255,0);
15   circle(width/2, height/2, diameter);
16   fill(0,0,0);
17   text(number, width/2, height/2)
18 }
19
20 function mousePressed(){
21   if(dist(width/2, height/2, mouseX, mouseY) <=
   diameter/2){
22     if(mouseButton == LEFT){
23       number += 1;
24     }
25   }
26 }
```

mousePressed 함수를 사용하는 방법도 있습니다. 마우스를 클릭하면 mousePressed 함수
가 호출됩니다. 그래서 다음과 같이 코드를 바꿀 수 있습니다.

```
1  let colorValue;
2  let x, y;
3  let diameter = 50;
4
5  function setup() {
6    createCanvas(400, 400);
7    x = width/2;
8    y = height/2;
9    colorValue = color(255,0,0);
10   noStroke();
11 }
12
13 function draw() {
14   background(255);
15   fill(colorValue);
16   circle(x, y, diameter);
17   if(keyIsPressed){
18     console.log(key);
19     switch(key){
20       case "r":
21         colorValue = color(255,0,0);
22         break;
23       case "g":
24         colorValue = color(0,255,0);
25         break;
26       case "b":
27         colorValue = color(0,0,255);
28         break;
29     }
30   }
31 }
```

키보드를 사용하는 방법을 알아보겠습니다. 키보드를 눌러서 원의 색깔이 바꾸는 프로그램을 만들어 보겠습니다.

keyIsPressed는 키보드를 눌렀는지 확인하는 변수입니다. 키보드를 눌렀다면 참이고 그렇지 않으면 거짓이 됩니다.

어떤 키를 눌렀는지 keyCode와 key 변수를 사용해서 확인합니다.

특수키의 경우 keyCode 변수를 사용합니다. keyCode는 BACKSPACE, DELETE, ENTER, TAB, ESCAPE, SHIFT, CTRL, ALT, UP_ARROW, DOWN_ARROW, LEFT_ARROW, RIGHT_ARROW 등이 있습니다.

영문자, 숫자 및 기호 등은 key 변수를 사용합니다. key 변수는 영문자, 숫자 및 기호 등의 아스키코드를 저장하는 시스템 변수입니다.

색깔을 정할 때 color 함수를 사용할 수 있습니다. colorValue = color(255,0,0) 코드를 실행하면 colorValue 변수에 빨간색이 저장됩니다. 이 변수를 fill 함수 안에 넣어서 색깔을 정할 수 있습니다.

5

인공지능을 활용한 작품 만들기

- 지름이 50인 원을 그립니다.
- R키를 누르면 원의 색깔이 빨간색으로 바뀝니다.
- G키를 누르면 원의 색깔이 초록색으로 바뀝니다.
- B키를 누르면 원의 색깔이 파란색으로 바뀝니다.
- switch 문법을 사용해서 코딩할 수 있습니다.

키를 누를 때마다 colorValue 변숫값을 바꿔서 원의 색깔을 정하면 됩니다.

```
let colorValue;
let x, y;
let diameter = 50;

function setup() {
  createCanvas(400, 400);
  x = width/2;
  y = height/2;
  colorValue = color(255,0,0);
  noStroke();
}

function draw() {
  background(255);
  fill(colorValue);
  circle(x, y, diameter);
}

function keyPressed(){
  switch(key){
    case "r":
      colorValue = color(255,0,0);
      break;
    case "g":
      colorValue = color(0,255,0);
      break;
    case "b":
      colorValue = color(0,0,255);
      break;
  }
}
```

keyPressed 함수를 사용할 수 있습니다. 키보드를 누르면 keyPressed 함수가 호출됩니다. 위과 같이 코딩할 수 있습니다.

```
1  let colorValue;
2  let x, y;
3  let diameter = 50;
4
5  function setup() {
6    createCanvas(400, 400);
7    x = width/2;
8    y = height/2;
9    colorValue = color(255,0,0);
10   noStroke();
11 }
12
13 function draw() {
14   background(255);
15   fill(colorValue);
16   circle(x, y, diameter);
17   if(keyIsPressed){
18     switch(keyCode){
19       case UP_ARROW:
20         y -= 1;
21         break;
22       case DOWN_ARROW:
23         y += 1;
24         break;
25       case LEFT_ARROW:
26         x -= 1;
27         break;
28       case RIGHT_ARROW:
29         x += 1;
30         break;
31     }
32   }
33 }
```

화살표키를 누르면 원이 움직이는 프로그램을 만들어 보겠습니다. draw 함수 안에 keyIsPressed 변수를 사용해서 코딩합니다. 화살표키를 누르면 x, y 변숫값이 바뀝니다. 이 변숫값으로 원을 다시 그립니다.

코딩할 때 y 좌푯값을 헷갈리지 않도록 합니다. 원이 위쪽으로 움직이려면 y 좌푯값이 작아져야 합니다.

keyPressed 함수 안에 코딩하면 화살표키를 계속 누르고 떼야 합니다.

keyCode	UP_ARROW	DOWN_ARROW	LEFT_ARROW	RIGHT_ARROW
이름	위쪽 화살표키	아래쪽 화살표키	왼쪽 화살표키	오른쪽 화살표키

2.3 미디어 아트 작품 만들기

완성된 코드는 editor.p5js.org/itple/sketches에서 확인할 수 있습니다.

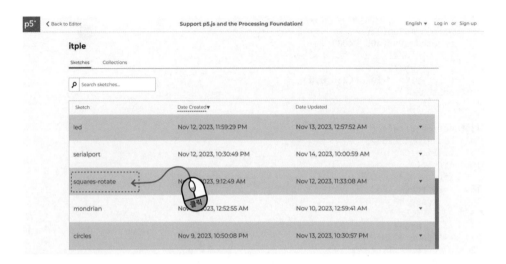

인터넷 브라우저에서 위의 주소를 입력하고 'squares-rotate'를 선택합니다.

```
1  function setup() {
2    createCanvas(400, 400);
3    background(255);
4    noStroke();
5  }
6
7  function draw() {
8    fill("#ff2991");
9    rect(0,0,200,200);
10   scale(0.5);
11   fill("#ffff00");
12   rect(0,0,200,200);
13   scale(0.5);
14   fill("#ff4f22");
15   rect(0,0,200,200);
16 }
```

scale 함수에 대해서 알아보겠습니다. scale을 함수는 원점을 기준으로 크기를 늘리거나 줄입니다.

회전하는 사각형으로 미디어 아트를 만들어 보겠습니다. for문을 사용해서 코딩하겠습니다. Auto-refresh 기능을 켜고 for문을 작성하다가 에러가 나면 간혹 브라우저가 멈추는 경우가 있어서 Auto-refresh 기능은 사용하지 않겠습니다.

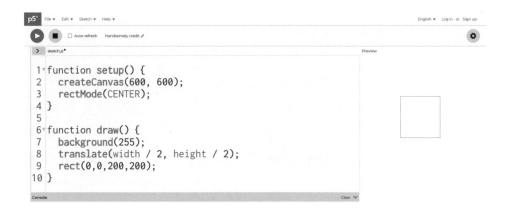

캔버스 가운데에 하얀색 사각형을 그립니다.

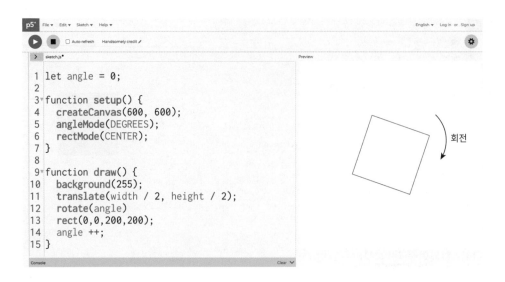

하얀색 사각형이 회전하도록 코딩합니다.

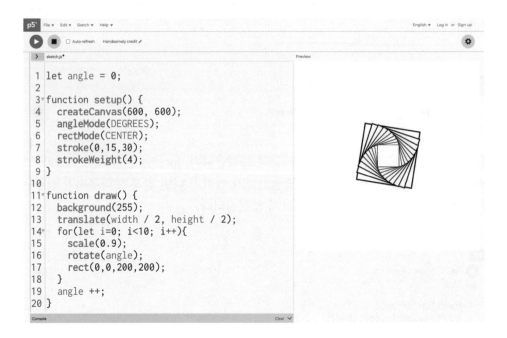

선의 색깔과 굵기를 정합니다.

그리고 여러 개의 사각형을 회전하는데 scale(0.9) 코드를 넣어서 사각형이 점점 작아지게
합니다.

```
1 let angle = 0;
2
3  function setup() {
4    createCanvas(600, 600);
5    angleMode(DEGREES);
6    rectMode(CENTER);
7    stroke(0,15,30);
8    strokeWeight(4);
9  }
10
11  function draw() {
12    background(255);
13    translate(width / 2, height / 2);
14    for(let i=0; i<10; i++){
15      fill(i*30, 255-i*60, 255-i*20);
16      scale(0.9);
17      rotate(angle);
18      rect(0,0,200,200);
19    }
20    angle ++;
21 }
```

사각형의 색깔이 달라지도록 fill 함수를 사용합니다. 이때 변수 i를 사용합니다.

자신이 원하는 대로 식을 정합니다.

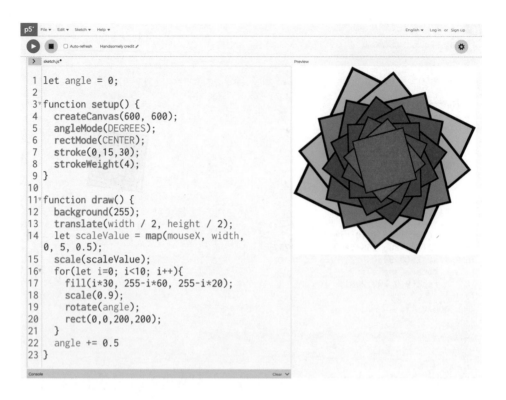

```
1  let angle = 0;
2
3  function setup() {
4    createCanvas(600, 600);
5    angleMode(DEGREES);
6    rectMode(CENTER);
7    stroke(0,15,30);
8    strokeWeight(4);
9  }
10
11 function draw() {
12   background(255);
13   translate(width / 2, height / 2);
14   let scaleValue = map(mouseX, width,
   0, 5, 0.5);
15   scale(scaleValue);
16   for(let i=0; i<10; i++){
17     fill(i*30, 255-i*60, 255-i*20);
18     scale(0.9);
19     rotate(angle);
20     rect(0,0,200,200);
21   }
22   angle += 0.5
23 }
```

angle 변수에 더하는 값으로 회전 속도를 바꿀 수 있습니다.

그리고 마우스를 왼쪽 오른쪽으로 움직여서 화면을 확대·축소할 수 있습니다.

아두이노와 마찬가지로 map 함수가 있습니다. scaleValue 변수가 0.5와 5 사이의 값을 갖도록 합니다.

마우스를 왼쪽으로 움직이면 화면이 작아지고, 오른쪽으로 움직이면 화면이 커집니다.

editor.p5js.org/itple/sketches에서 'media-art-squares'를 클릭하면 완성된 코드를 확인할 수 있습니다.

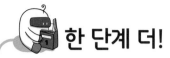 한 단계 더!

9개의 사각형이 각각 회전하도록 빈칸의 코드를 완성하세요.

- 정사각형은 한 변의 길이가 40입니다.
- 캔버스와 각 정사각형의 여백은 20입니다.
- 세로로 색깔이 같습니다.
- 9개의 사각형이 각각 회전하기 위해서 push와 pop 함수를 잘 사용해야 합니다.

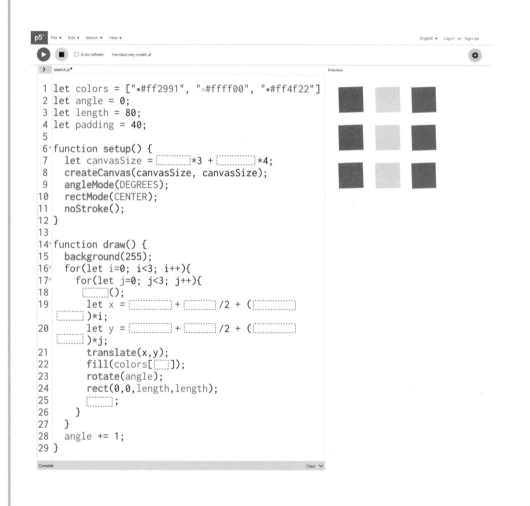

```
1  let colors = ["#ff2991", "#ffff00", "#ff4f22"]
2  let angle = 0;
3  let length = 80;
4  let padding = 40;
5
6  function setup() {
7    let canvasSize = [       ]*3 + [       ]*4;
8    createCanvas(canvasSize, canvasSize);
9    angleMode(DEGREES);
10   rectMode(CENTER);
11   noStroke();
12 }
13
14 function draw() {
15   background(255);
16   for(let i=0; i<3; i++){
17     for(let j=0; j<3; j++){
18       [       ]();
19       let x = [       ] + [       ]/2 + ([       ])*i;
20       let y = [       ] + [       ]/2 + ([       ])*j;
21       translate(x,y);
22       fill(colors[   ]);
23       rotate(angle);
24       rect(0,0,length,length);
25       [       ];
26     }
27   }
28   angle += 1;
29 }
```

p5.serialcontrol.exe

시리얼 통신을 사용하면 p5.js와 아두이노가 데이터를 서로 주고받을 수 있습니다. 그래서 p5.js와 아두이노를 융합한 다양한 작품을 만들 수 있습니다.

이번 시간에는 p5.serialport.js와 p5.serialcontrol 앱을 사용해서 p5.js와 아두이노를 연결하는 방법을 배우겠습니다.

그리고 LED, RGB LED, 포텐션미터 등 아두이노의 여러 부품을 사용해서 다양한 작품을 만들어 보겠습니다.

이 장의 목표

❶ p5.js와 아두이노 연결하는 방법 알기
❷ p5.js에서 아두이노 제어하는 방법 알기
❸ 아두이노에서 p5.js 제어하는 방법 알기
❹ p5.js와 LED로 작품 만들기
❺ p5.js와 RGB LED로 작품 만들기
❻ p5.js와 포텐션미터로 작품 만들기

3.1 p5.js와 아두이노 연결하는 방법 알기

p5.serialport.js와 p5.serialcontrol 앱을 사용해서 p5.js 아두이노 프로젝트를 만들 수 있습니다.

p5.erialcontrol 앱을 사용하면 p5.js의 webSocket 서버와 통신하여 아두이노와 연결할 수 있습니다. 아두이노와 컴퓨터와 연결된 USB 선(시리얼 포트)을 통해서 전송한 값을 p5.js가 바로 읽을 수 없습니다.

p5.serialcontrol 앱이 시리얼 포트로 읽을 값을 p5.js에게 전달할 수 있도록 웹소켓 서버를 만듭니다.

서버에 올린 뒤에 p5.js에서 그 값을 읽을 수 있습니다. p5.js에서는 p5.serialport.js을 사용해서 p5.serialcontrol 앱과 통신합니다.

![Google 검색: p5.serialcontrol app. GitHub https://github.com › p5-serial › releases. Releases · p5-serial/p5.serialcontrol. Desktop application and server for p5.serialport.js - Releases · p5-serial/p5.serialcontrol. ... Fixed bug that causes the app to crash when data is sent in bytes ...]

그러면 p5.serialcontrol 앱을 설치하는 방법을 알아보겠습니다.

'p5.serialcontrol app'이라고 검색합니다.

아니면 브라우저 주소창에 아래 주소를 입력합니다.

github.com/p5-serial/p5.serialcontrol/releases

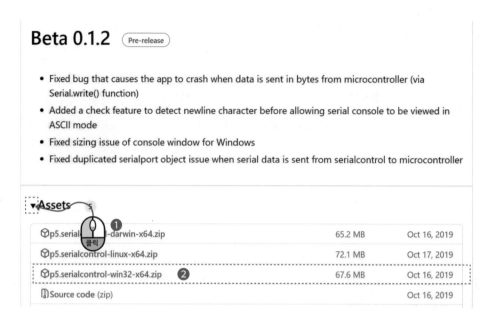

Beta 0.1.2 (Pre-release)

- Fixed bug that causes the app to crash when data is sent in bytes from microcontroller (via Serial.write() function)
- Added a check feature to detect newline character before allowing serial console to be viewed in ASCII mode
- Fixed sizing issue of console window for Windows
- Fixed duplicated serialport object issue when serial data is sent from serialcontrol to microcontroller

▼ Assets

⬡ p5.serial...-darwin-x64.zip	65.2 MB	Oct 16, 2019
⬡ p5.serialcontrol-linux-x64.zip	72.1 MB	Oct 17, 2019
⬡ p5.serialcontrol-win32-x64.zip	67.6 MB	Oct 16, 2019
🗋 Source code (zip)		Oct 16, 2019

Beta 0.1.2 버전을 다운로드 받습니다. 빨간색으로 표시한 삼각형을 누르면 아래와 같이 압축파일을 볼 수 있습니다. 운영 체제에 맞게 다운로드 합니다.

압축 파일을 풉니다. 오른쪽 아이콘이 p5.serialcontrol 앱 실행 파일입니다.

```
sketch_01 | Arduino IDE 2.1.0

파일(F)  편집  스케치  도구  도움말

     Arduino Uno         ▼

sketch_01.ino

1   void setup() {
2     Serial.begin(9600);
3   }
4
5   void loop() {
6     Serial.println(0);
7     delay(1000);
8     Serial.println(1);
9     delay(1000);
10  }

                              Arduino Uno COM3 켜기
```

먼저 다음과 같이 코딩해서 아두이노에 업로드합니다. 1초 간격으로 0과 1을 시리얼 통신으로 보냅니다.

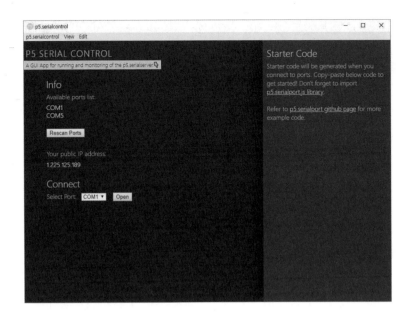

p5.serialcontrol 앱 실행합니다.

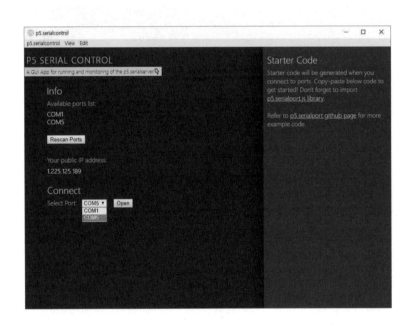

아두이노와 연결된 포트를 선택하고 'Open'을 클릭합니다.

아두이노의 시리얼 모니터가 열려있을 경우 p5.serialcontrol 앱에서 서버를 열 수 없습니다. 시리얼 모니터가 열렸는지 확인합니다.

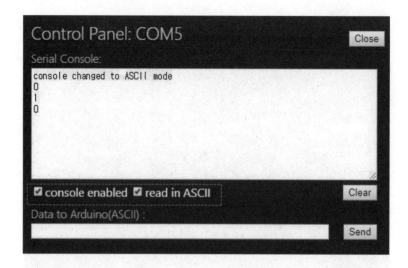

'console enabled'와 'read in ASCII'를 체크하면 다음과 같이 아두이노에서 보낸 값을 확인할 수 있습니다.

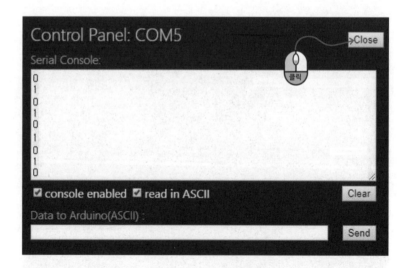

반대로 p5.serialcontrol 앱에서 아두이노로 값을 보내겠습니다.

우선 p5.serialcontrol 앱과 시리얼 포트 연결을 끊어야 합니다. 그래야 아두이노 IDE에서 코딩한 것을 아두이노로 업로드할 수 있습니다. p5.serialcontrol 앱이 연결된 상태에서는 업로드할 수 없습니다.

'Close'를 클릭합니다.

3.2 p5.js에서 아두이노 제어하는 방법 알기

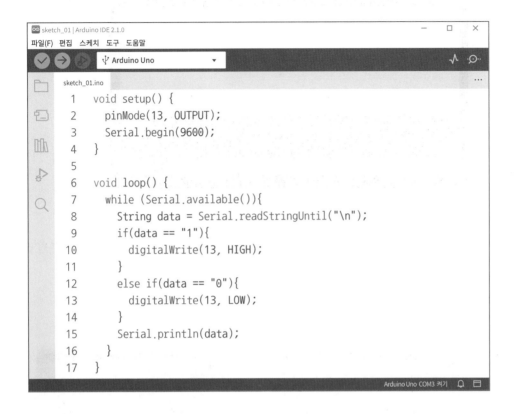

```
sketch_01 | Arduino IDE 2.1.0                              —    □    ×
파일(F)  편집  스케치  도구  도움말

         ⩄ Arduino Uno                    ▼

sketch_01.ino
    1   void setup() {
    2     pinMode(13, OUTPUT);
    3     Serial.begin(9600);
    4   }
    5
    6   void loop() {
    7     while (Serial.available()){
    8       String data = Serial.readStringUntil("\n");
    9       if(data == "1"){
   10         digitalWrite(13, HIGH);
   11       }
   12       else if(data == "0"){
   13         digitalWrite(13, LOW);
   14       }
   15       Serial.println(data);
   16     }
   17   }
                                          Arduino Uno COM3 켜기  ⏲  ⊟
```

위과 같이 코딩해서 업로드합니다.

시리얼 통신으로 문자열을 주고받아서 프로그램을 만들겠습니다. Serial 클래스에서 readStringUntil() 메소드를 사용하면 문자열을 쉽게 받을 수 있습니다.

readStringUntil(종료문자)로 사용합니다. 수신 버퍼에서 종료 문자까지 읽어서 그 결과를 반환합니다. 그리고 수신 버퍼에서 읽은 문자열은 삭제합니다.

Serial.readStringUntil("\n")로 p5.serialcontrol 앱에서 보내는 데이터를 읽습니다. "\n"는 개행문자로 줄이 바뀌었다는 것을 나타냅니다.

만약 "1"을 보냈다면 디지털 13번 핀에 전기를 보내서 내부 LED를 켭니다.

그렇지 않고 "0"을 보냈다면 디지털 13번 핀에 전기를 보내지 않아서 내부 LED를 끕니다.

5

인공지능을 활용한 작품 만들기

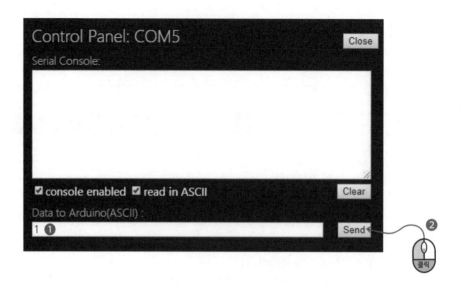

아두이노로 업로드가 끝나면 p5.serialcontrol 앱에서 다시 아두이노와 연결된 포트로 연결합니다.

그리고 값을 입력하고 'Send'를 클릭합니다.

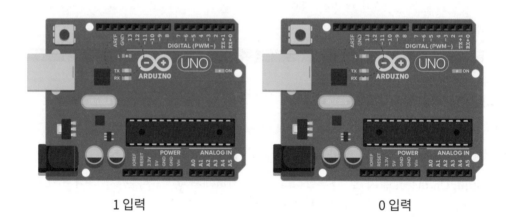

1 입력   0 입력

1을 보내면 LED 불이 켜지고 0을 보내면 불이 꺼집니다.

p5.js과 p5.serialcontrol 앱을 연결하려면 p5.serialport.js를 사용해야 합니다.

editor.p5js.org/itple/sketches에서 'serialport'를 클릭하면 완성된 코드를 확인할 수 있습니다.

책의 내용을 따라 하다가 에러가 나거나 놓친 부분이 있다면 완성된 코드를 참고하기 바랍니다.

3.3 아두이노에서 p5.js 제어하는 방법 알기

'jsdelivr'라고 검색합니다.

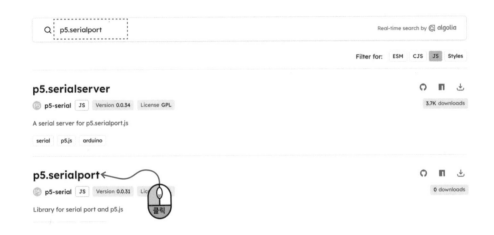

p5.serialport라고 검색합니다.

p5.js 에디터에서 p5.serialport.js 파일을 사용할 수 있도록 복사를 합니다.

p5.js에서 '>' 아이콘을 클릭합니다.

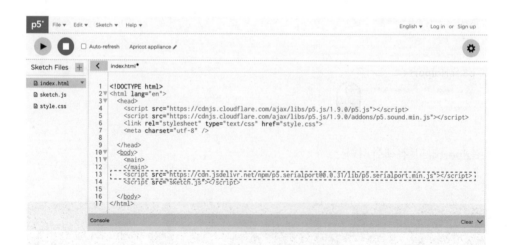

그러면 위와 같은 여러 파일을 볼 수 있습니다. 'index.html'을 클릭합니다.

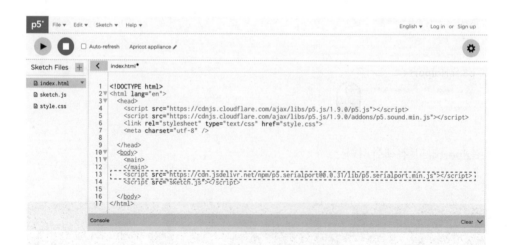

```
<script src="https://cdn.jsdelivr.net/npm/p5.serialport@0.0.31/lib/p5.serialport.min.js"></script>
```

위와 같이 sketch.js 파일 위에 복사했던 HTML를 붙여넣습니다. 그러면 sketch.js에서 p5.serialport.js를 사용할 수 있습니다.

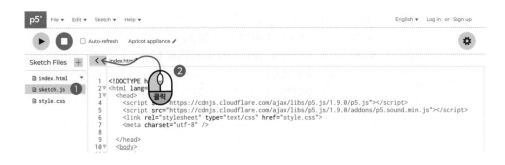

sketch.js를 선택하고 '<' 아이콘을 클릭해서 메뉴 창을 닫습니다.

```
1 let serial;
2 let portName = "COM5"
3
4 function setup() {
5
6   createCanvas(400, 400);
7   serial = new p5.SerialPort();
8   serial.list();
9   serial.open(portName);
10 }
11
12 function draw() {
13   background(255);
14 }
```

```
Console                                              Clear ∨
   ws://localhost:8081
   opened socket
```

그리고 위와 같이 코딩합니다.

new p5.SerialPort()로 시리얼 객체를 만들어서 serial 변수에 저장합니다.

serial.list()로 사용할 수 있는 포트를 확인합니다.

serial.open(portName)으로 포트와 연결합니다.

portName 변수에 아두이노와 연결된 포트를 문자열로 저장합니다. 이때 대문자로 COM을 입력해야 합니다. 그리고 문자열 앞뒤에 공백이 있으면 안 됩니다. 포트를 연결할 때 많이 실수하는 부분이니 잘 확인해서 문자열을 입력합니다.

• "com5", "com_5", " COM5 "와 같이 입력하면 연결이 안 됩니다.

프로그램을 시작하면 웹소켓 서버가 열렸다는 메시지가 나옵니다.

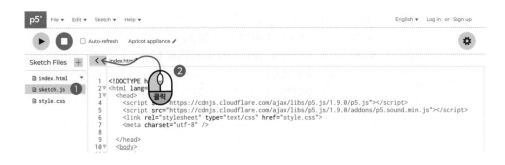

```
function setup() {
 createCanvas(400, 400);
 serial = new p5.SerialPort();
 serial.list();
 serial.open(portName);
 serial.on("data", gotData);
}
```

serial.on("data", gotData)은 data를 받았을 때 gotData 함수를 실행한다는 뜻입니다.

위와 같이 gotData 함수를 만듭니다.

serial.readLine()로 데이터를 읽고 data 변수에 저장합니다.

trim(data)로 앞뒤 공백을 지웁니다.

빈 문자열을 받는 경우 return을 실행해서 함수가 종료되도록 합니다. 그렇지 않다면 콘솔창에 데이터를 보여줍니다.

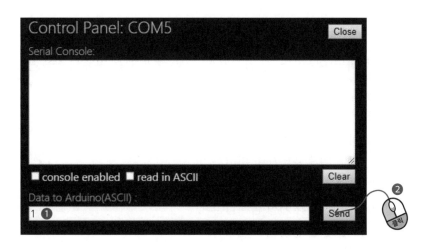

p5.serialcontrol 앱에서 데이터를 입력하고 'Send'를 클릭합니다.

```
Console                                                                    Clear ∨
  ws://localhost:8081
  opened socket
  1
```

그러면 위와 같이 입력받은 데이터가 콘솔창에 나옵니다.

```
1  let serial;
2  let portName = "COM5"
3
4  function setup() {
5    createCanvas(400, 400);
6    serial = new p5.SerialPort();
7    serial.list();
8    serial.open(portName);
9    serial.on("data", gotData);
10 }
11
12 function gotData() {
13   let data = serial.readLine();
14   trim(data);
15   if(!data){
16     return;
17   }
18   console.log(typeof data);
19 }
```

```
Console                                                                    Clear ∨
  string
```

받은 데이터의 타입을 확인해보니 문자열입니다. 이렇게 p5.js는 시리얼 통신으로 문자열 데이터를 받습니다.

3.4 p5.js와 LED로 작품 만들기

p5.js에서 원을 클릭하면 아두이노와 연결된 LED를 켜고 끄는 프로그램을 만들어 보겠습니다.

- state 변수를 만들어서 LED가 켜졌는지 꺼졌는지 확인합니다.
- state 변숫값이 1이면 LED가 켜진 상태입니다.
- state 변숫값이 1이면 원은 노란색이 됩니다.
- state 변숫값이 1이면 검은색으로 원 가운데에 'ON'이라고 씁니다.
- state 변숫값이 0이면 LED가 커진 상태입니다.
- state 변숫값이 0이면 원은 검은색이 됩니다.
- state 변숫값이 0이면 노란색으로 원 가운데에 'OFF'이라고 씁니다

원을 클릭했을 때마다 state 변숫값이 바뀌고 LED가 켜지고 꺼집니다.

editor.p5js.org/itple/sketches에서 'led'를 클릭하면 완성된 코드를 확인할 수 있습니다.

index.html에 p5.serialport.js 파일을 추가합니다.

<script src="https://cdn.jsdelivr.net/npm/p5.serialport@0.0.31/lib/p5.serialport.min.js"></script>

```
p5*  File ▾   Edit ▾   Sketch ▾   Help ▾                                          English ▾   Log in  or  Sign up

⏵  ⏹  ☑ Auto-refresh   Apricot appliance ✎                                                              ⚙

>   sketch.js*                                                                      Preview

1  let state = 0;
2  let diameter = 100;
3  let serial;
4  let portName = "COM5"
5
6  function setup() {
7    createCanvas(400, 400);
8    serial = new p5.SerialPort();
9    serial.list();
10   serial.open(portName);
11   noStroke();
12   textAlign(CENTER, CENTER);
13   textSize(30);
14 }
15
16 function draw() {
17   background(255);
18   if(state == 0){
19     fill(0,0,0);
20     circle(width/2, height/2, diameter);
21     fill(255,255,0)
22     text("OFF", width/2, height/2);
23   }
24   else if(state == 1){
25     fill(255,255,0);
26     circle(width/2, height/2, diameter);
27     fill(0,0,0)
28     text("ON", width/2, height/2);
29   }
30 }

Console                                                                            Clear ∨

>
```

위와 같이 코딩해서 원을 그리고 글씨를 씁니다. state 변숫값이 0이므로 검은색 원에 노
란색으로 'OFF'라고 썼습니다.

5
인공지능을 활용한 작품 만들기

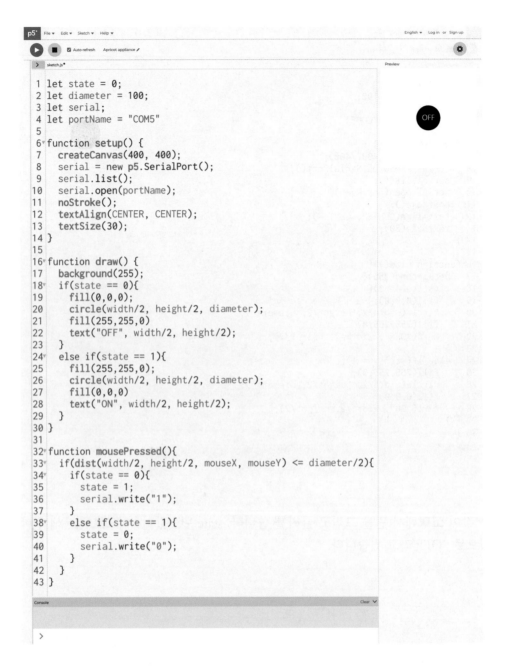

```
1  let state = 0;
2  let diameter = 100;
3  let serial;
4  let portName = "COM5"
5
6  function setup() {
7    createCanvas(400, 400);
8    serial = new p5.SerialPort();
9    serial.list();
10   serial.open(portName);
11   noStroke();
12   textAlign(CENTER, CENTER);
13   textSize(30);
14 }
15
16 function draw() {
17   background(255);
18   if(state == 0){
19     fill(0,0,0);
20     circle(width/2, height/2, diameter);
21     fill(255,255,0)
22     text("OFF", width/2, height/2);
23   }
24   else if(state == 1){
25     fill(255,255,0);
26     circle(width/2, height/2, diameter);
27     fill(0,0,0)
28     text("ON", width/2, height/2);
29   }
30 }
31
32 function mousePressed(){
33   if(dist(width/2, height/2, mouseX, mouseY) <= diameter/2){
34     if(state == 0){
35       state = 1;
36       serial.write("1");
37     }
38     else if(state == 1){
39       state = 0;
40       serial.write("0");
41     }
42   }
43 }
```

p5.js에서 시리얼 포트로 데이터를 보낼 때 serial.write("값") 코드를 실행합니다. 원을 클릭하면 state 값이 바뀌고 "1" 또는 "0" 값을 보냅니다.

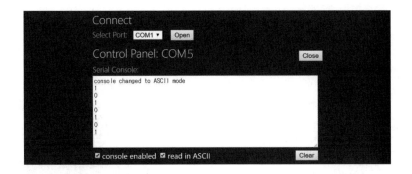

p5.serialcontrol 앱을 실행하고 p5.js에서 데이터를 잘 보내는지 확인합니다.

p5.serialcontrol 앱에서 포트와 연결을 끊습니다.

```
sketch_01 | Arduino IDE 2.1.0                              —  □  ×
파일(F)  편집  스케치  도구  도움말

   ✓  →  ▶     ψ Arduino Uno              ▼            √  ·⊙·

   sketch_01.ino                                         ...
   1   void setup() {
   2     pinMode(13, OUTPUT);
   3     Serial.begin(9600);
   4   }
   5
   6   void loop() {
   7     while (Serial.available()){
   8       String data = Serial.readStringUntil("\n");
   9       if(data == "1"){
  10         digitalWrite(13, HIGH);
  11       }
  12       else if(data == "0"){
  13         digitalWrite(13, LOW);
  14       }
  15     }
  16   }

                                 Arduino Uno COM3 켜기  ⏰ ⊟
```

아두이노에 아래와 같이 코딩합니다.

"1"을 받으면 디지털 13번 핀에 연결된 LED를 켭니다.

"0"을 받으면 디지털 13번 핀에 연결된 LED를 끕니다.

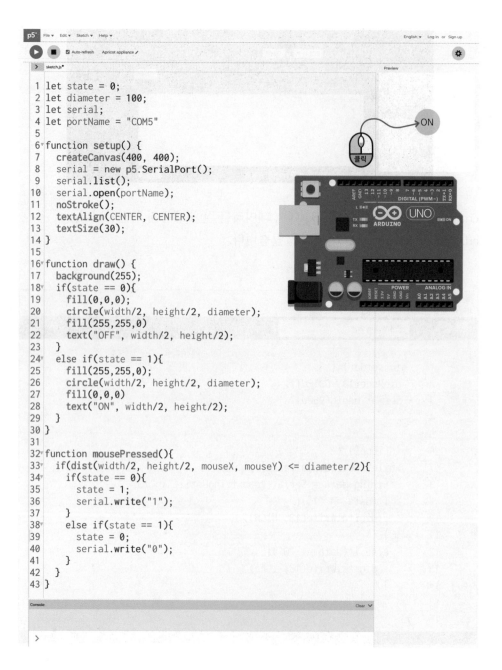

```
1  let state = 0;
2  let diameter = 100;
3  let serial;
4  let portName = "COM5"
5
6  function setup() {
7    createCanvas(400, 400);
8    serial = new p5.SerialPort();
9    serial.list();
10   serial.open(portName);
11   noStroke();
12   textAlign(CENTER, CENTER);
13   textSize(30);
14 }
15
16 function draw() {
17   background(255);
18   if(state == 0){
19     fill(0,0,0);
20     circle(width/2, height/2, diameter);
21     fill(255,255,0)
22     text("OFF", width/2, height/2);
23   }
24   else if(state == 1){
25     fill(255,255,0);
26     circle(width/2, height/2, diameter);
27     fill(0,0,0)
28     text("ON", width/2, height/2);
29   }
30 }
31
32 function mousePressed(){
33   if(dist(width/2, height/2, mouseX, mouseY) <= diameter/2){
34     if(state == 0){
35       state = 1;
36       serial.write("1");
37     }
38     else if(state == 1){
39       state = 0;
40       serial.write("0");
41     }
42   }
43 }
```

원을 클릭하면 LED가 잘 켜지고 꺼지는지 확인합니다.

3.5 p5.js와 RGB LED로 작품 만들기

p5.js에서 랜덤하게 사각형을 만들고 클릭한 사각형 색깔에 맞게
RGB LED의 색깔이 바뀌는 프로그램을 만들어보겠습니다.

editor.p5js.org/itple/sketches에서 'rgb-led'를 클릭하면 완성된 코
드를 확인할 수 있습니다.

- for문과 rect 함수를 사용해서 사각형을 그립니다.
- random 함수를 사용해서 사각형 색깔을 랜덤하게 정합니다.
- 사각형을 클릭하면 사각형의 색깔을 확인해서 9자리 문자열을 아두이노에게 보냅니다.
- 아두이노는 9자리 문자열을 받아서 RGB LED의 색깔을 정합니다.

원을 클릭했을 때마다 state 변숫값이 바뀌고 LED가 켜지고 꺼집니다.

editor.p5js.org/itple/sketches에서 'led'를 클릭하면 완성된 코드를 확인할 수 있습니다.

디지털 6번 핀	빨간색 (R)
디지털 5번 핀	초록색 (G)
디지털 3번 핀	파란색 (B)

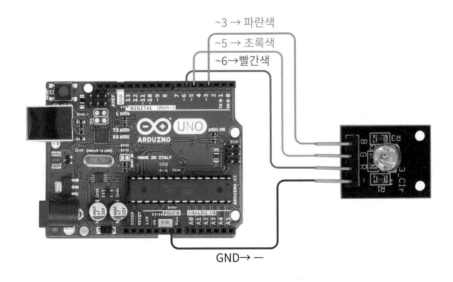

~3 → 파란색
~5 → 초록색
~6→빨간색

GND→ ―

- for문과 rect 함수를 사용해서 사각형을 그립니다.
- random 함수를 사용해서 사각형 색깔을 랜덤하게 정합니다.
- 사각형을 클릭하면 사각형의 색깔을 확인해서 9자리 문자열을 아두이노에게 보냅니다.
- 아두이노는 9자리 문자열을 받아서 RGB LED의 색깔을 정합니다.

아두이노에서 9자리 문자열을 받았을 때 어떻게 색깔을 정하는지 알아보겠습니다.

9자리 문자열을 받으면 3개씩 잘라서 확인합니다.

0 ~ 2자리	빨간색 (R)
3 ~ 5자리	초록색 (G)
6 ~ 8자리	파란색 (B)

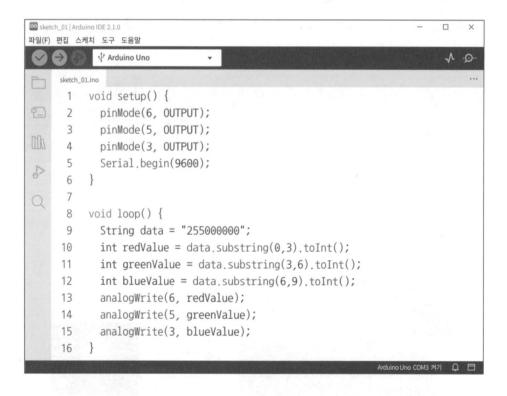

그래서 data 변수가 "255000000"라면 빨간색(R)은 255, 초록색(G)은 0, 파란색(B)은 0이 되어서 RGB LED가 빨간색이 됩니다.

data 변수가 "000255000"이면 초록색이 됩니다.

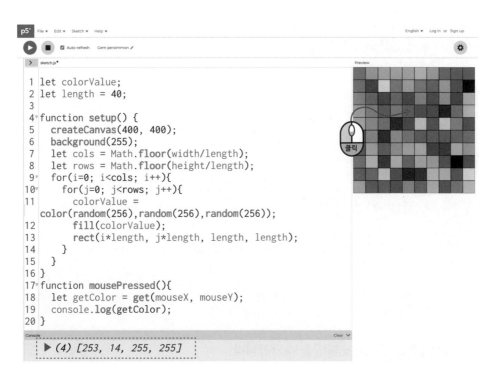

한 변이 크기가 40인 정사각형을 100개 그립니다.

color 함수로 색깔을 정합니다.

radom(256)은 0부터 256 사이의 수를 만듭니다. 이때 256은 포함되지 않습니다.

```
1  let colorValue;
2  let length = 40;
3
4  function setup() {
5    createCanvas(400, 400);
6    background(255);
7    let cols = Math.floor(width/length);
8    let rows = Math.floor(height/length);
9    for(i=0; i<cols; i++){
10     for(j=0; j<rows; j++){
11       colorValue =
   color(random(256),random(256),random(256));
12       fill(colorValue);
13       rect(i*length, j*length, length, length);
14     }
15   }
16 }
17 function mousePressed(){
18   let getColor = get(mouseX, mouseY);
19   console.log(getColor);
20 }
```

Console   Clear ∨
▶ (4) [253, 14, 255, 255]

· 마우스를 클릭했을 때 get 함수로 색깔을 확인합니다. get 함수는 입력한 좌표의 픽셀 색

깔을 확인하는 함수입니다.

클릭하면 아래와 같이 배열이 나오고 4개의 값이 나옵니다. 순서대로 빨간색, 초록색, 파란색, 알파값입니다.

```
function mousePressed(){
  let getColor = get(mouseX, mouseY);
  let redValue =  getColor[0].toString().padStart(3,"0");
  let greenValue = getColor[1].toString().padStart(3,"0");
  let blueValue = getColor[2].toString().padStart(3,"0");
  let stringData = redValue + greenValue + blueValue;
  console.log(stringData);
```

최신 자바스크립트의 padStart 함수를 사용해서 3자리 문자열을 만들어 보겠습니다.

"6".padStart(3,"0")은 3자리 문자열을 만드는 데 앞에 남는 자리는 "0"을 넣는다는 뜻입니다. 그러면 "006"이 됩니다.

"25".padStart(4,"0")는 "0025"가 됩니다.

getColor의 0번째는 빨간색, 1번째는 초록색, 2번째는 파란색입니다.

각각 3자리 문자열을 만들고 합니다. 그러면 '239001105'와 같이 9가지 문자열이 됩니다. 이것을 시리얼 통신으로 보냅니다.

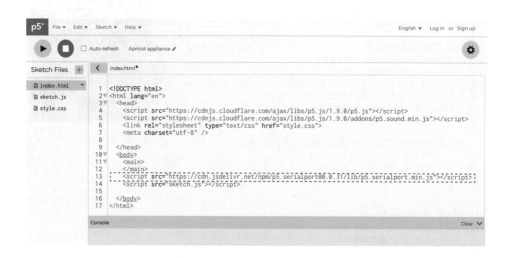

index.html에 p5.serialport.js 파일을 추가합니다.

<script src="https://cdn.jsdelivr.net/npm/p5.serialport@0.0.31/lib/p5.serialport.min.js"></script>

```
p5*   File ▾  Edit ▾  Sketch ▾  Help ▾                                                                    English ▾   Log in  or  Sign up

▶  ■   □ Auto-refresh   Gem persimmon ✏                                                                                              ⚙

>  sketch.js*

 1  let serial;
 2  let portName = "COM5"
 3  let colorValue;
 4  let length = 40;
 5
 6  function setup() {
 7    createCanvas(400, 400);
 8    background(255);
 9    serial = new p5.SerialPort();
10    serial.list();
11    serial.open(portName);
12    let cols = Math.floor(width/length);
13    let rows = Math.floor(height/length);
14    for(i=0; i<cols; i++){
15      for(j=0; j<rows; j++){
16        colorValue = color(random(256),random(256),random(256));
17        fill(colorValue);
18        rect(i*length, j*length, length, length);
19      }
20    }
21  }
22
23  function mousePressed(){
24    let getColor = get(mouseX, mouseY);
25    let redValue =  getColor[0].toString().padStart(3,"0");
26    let greenValue = getColor[1].toString().padStart(3,"0");
27    let blueValue = getColor[2].toString().padStart(3,"0");
28    let stringData = redValue + greenValue + blueValue;
29    serial.write(stringData);
30  }

Console                                                                                                                    Clear ∨
   ws://localhost:8081
   opened socket
>
```

그리고 위와 같이 프로그램을 완성합니다.

사각형을 클릭했을 때 serial.write(stringData)로 데이터를 보내도록 합니다.

```
sketch_01 | Arduino IDE 2.1.0                                    —    □    ×
파일(F)  편집  스케치  도구  도움말

  ✓   →   ▶      ⟘ Arduino Uno            ▼                       ⋏  ·⊙··

□       sketch_01.ino                                                    ···
         1    void setup() {
▣            2      pinMode(6, OUTPUT);
             3      pinMode(5, OUTPUT);
◫            4      pinMode(3, OUTPUT);
             5      Serial.begin(9600);
⌳            6    }
             7
◯            8    void loop() {
             9      while (Serial.available()){
            10        String data = Serial.readStringUntil("\n");
            11        int redValue = data.substring(0,3).toInt();
            12        int greenValue = data.substring(3,6).toInt();
            13        int blueValue = data.substring(6,9).toInt();
            14        analogWrite(6, redValue);
            15        analogWritee(5, greenValue);
            16        analogWrite(3, blueValue);
            17      }
            18    }
                                               Arduino Uno COM3 켜기   ♢  ⊟
```

아두이노는 Serial.readStringUntil("\n")로 문자열 데이터를 받아서 RGB LED 색깔이 바
뀌도록 코드를 수정하고 업로드 합니다.

3.6 p5.js와 포텐셔미터로 작품 만들기

포텐셔미터의 저항값을 p5.js에서 읽어서 무지개색 원을 만들어 보겠습니다.

editor.p5js.org/itple/sketches에서 'circles-potentiometer'를 클릭하면 완성된 코드를 확인할 수 있습니다.

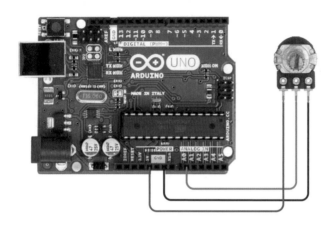

포텐셔미터를 아날로그 0번 핀에 연결합니다.

```
sketch_01 | Arduino IDE 2.1.0                                    –   □   ×
파일(F) 편집 스케치 도구 도움말
✓  →  ⬆   Arduino Uno                    ▼                        ⋀  ⊙⋯

         sketch_01.ino                                              ⋯
    1  void setup() {
    2    pinMode(A0, INPUT);
    3    Serial.begin(9600);
    4  }
    5
    6  void loop() {
    7    Serial.println(analogRead(A0));
    8    delay(10);
    9  }
                                        Arduino Uno COM3 켜기  ⏻  ⊟
```

아래와 같이 코딩합니다.

Serial.println 함수로 포텐셔미터의 저항값을 보냅니다.

우리가 만들 프로그램입니다.

- 시리얼 통신으로 포텐셔미터의 값을 읽습니다.
- 포텐셔미터의 값을 원의 지름으로 정합니다.
- 포텐셔미터의 값이 커지면 원의 지름이 커집니다.
- 원의 지름은 350까지 커집니다.
- 원이 지름이 커질 때마다 원이 색깔이 무지개색 순서로 바뀝니다.
- 포텐셔미터의 값을 캔버스 아래에 글자로 보여줍니다.

색깔	빨강	주황	노랑	초록	파랑	남색	보라
헥스 코드	#ff0000	#ff8c00	#ffff00	#008000	#0000ff	#4b0082	#800080
지름	50	100	150	200	250	300	350

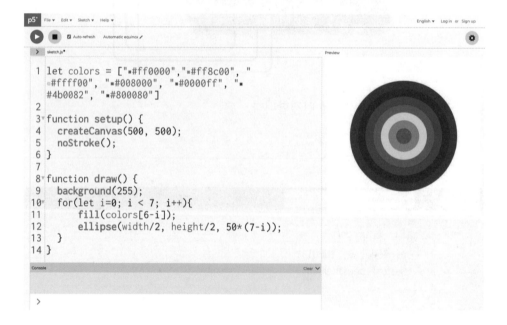

위와 같이 코딩하면 무지개색 원이 그려집니다.

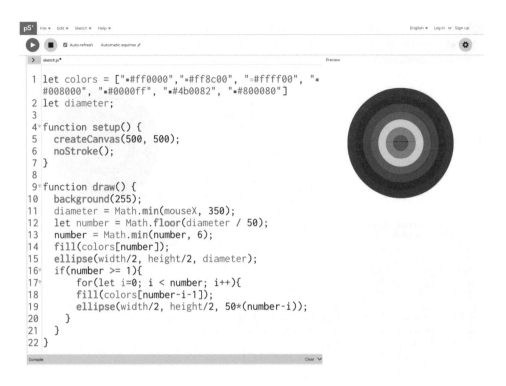

우선 마우스 X좌푯값에 따라서 원이 크기가 바뀌도록 코딩해보겠습니다.

Math.min(mouseX, 350)는 mouseX와 350중에 작은 값을 고르는 함수입니다. 만약 mouseX가 350보다 크다면 Math.min(mouseX, 350)는 350이 됩니다.

Math.floor 함수는 정수를 구하는 함수입니다. Math.floor(1.2)는 1이 됩니다.

mouseX 값에 따라서 먼저 가장 바깥쪽에 원을 그리고 안에 있는 원은 for문을 사용해서 그리면 마우스 왼쪽-오른쪽으로 움직였을 때 색깔이 달라지면서 무지개색 원이 그려집니다.

index.html에 p5.serialport.js 파일을 추가합니다.

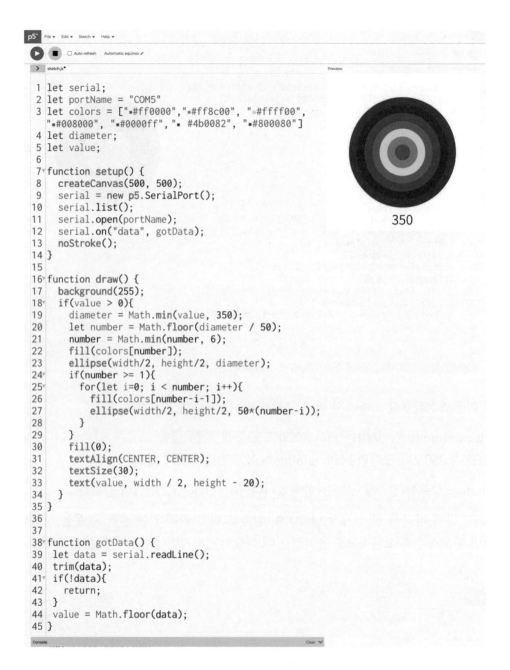

```
1  let serial;
2  let portName = "COM5"
3  let colors = ["■#ff0000","■#ff8c00", "■#ffff00",
   "■#008000", "■#0000ff", "■ #4b0082", "■#800080"]
4  let diameter;
5  let value;
6
7  function setup() {
8    createCanvas(500, 500);
9    serial = new p5.SerialPort();
10   serial.list();
11   serial.open(portName);
12   serial.on("data", gotData);
13   noStroke();
14 }
15
16 function draw() {
17   background(255);
18   if(value > 0){
19     diameter = Math.min(value, 350);
20     let number = Math.floor(diameter / 50);
21     number = Math.min(number, 6);
22     fill(colors[number]);
23     ellipse(width/2, height/2, diameter);
24     if(number >= 1){
25       for(let i=0; i < number; i++){
26         fill(colors[number-i-1]);
27         ellipse(width/2, height/2, 50*(number-i));
28       }
29     }
30     fill(0);
31     textAlign(CENTER, CENTER);
32     textSize(30);
33     text(value, width / 2, height - 20);
34   }
35 }
36
37
38 function gotData() {
39   let data = serial.readLine();
40   trim(data);
41   if(!data){
42     return;
43   }
44   value = Math.floor(data);
45 }
```

350

아두이노에서 시리얼 통신으로 보낸 값을 받을 수 있도록 코딩합니다.

value 변수를 만듭니다.

gotData 함수에서 받은 값을 정수로 바꿔서 value 변수에 저장합니다.

value 변수로 지름을 정해서 원을 그립니다.

그리고 캔버스 아래에 value 변숫값을 글자로 보여줍니다.

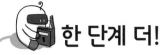한 단계 더!

조도센서를 사용해서 원의 색깔이 바뀌도록 코딩하겠습니다. 아래 코드를 참고해서 프로그램을 완성하세요.

- 밝을수록 높은 값을 보내도록 조도센서를 연결합니다.
- 밝을수록 원의 색깔이 노란색으로 바뀝니다.
- 어두울수록 원의 색깔이 검정색으로 바뀝니다.
- 조도센서의 값을 가운데 아래에 글자로 나타냅니다.
- 아래 코드는 마우스 x좌표에 따라서 원의 색깔이 바뀌는 프로그램입니다.

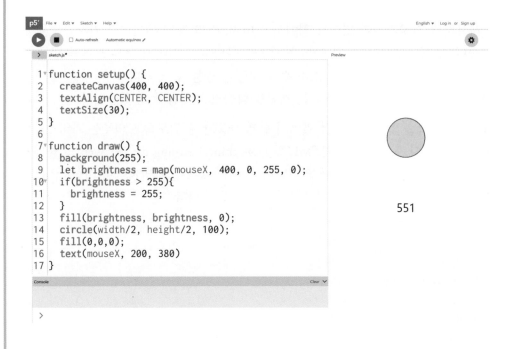

```javascript
function setup() {
  createCanvas(400, 400);
  textAlign(CENTER, CENTER);
  textSize(30);
}

function draw() {
  background(255);
  let brightness = map(mouseX, 400, 0, 255, 0);
  if(brightness > 255){
    brightness = 255;
  }
  fill(brightness, brightness, 0);
  circle(width/2, height/2, 100);
  fill(0,0,0);
  text(mouseX, 200, 380)
}
```

551

티처블 머신(Teachable Machine)은 구글에서 만든 인공지능 학습 도구입니다. 티처블 머신을 사용하면 전문지식이 없이도 웹에서 이미지, 소리 등의 데이터로 기계학습을 시킬 수 있습니다. 개, 고양이, 그 외 다른 물체들을 구별하는 이미지 분류 모델을 만들거나, 박수 소리와 발소리를 구별하는 소리 분류 모델을 만들 수 있습니다. 티처블 머신을 사용하면 누구나 쉽게 머신 러닝의 기본 개념을 학습하고 적용할 수 있습니다.

ML5.js는 기계학습 및 인공지능을 웹에서 쉽게 사용할 수 있도록 도와주는 자바스크립트 라이브러리입니다. ML5.js에서의 "ML5"는 "Machine Learning for the Web"의 줄임말입니다. 즉, "웹을 위한 머신 러닝"을 의미합니다. ML5.js는 웹 개발자들이 머신 러닝 및 컴퓨터 비전 모델을 손쉽게 사용할 수 있도록 개발되었습니다.

이 장의 목표

❶ 티처블 머신 사용방법 알기
❷ ML5.js 사용방법 알기
❸ 이미지 분류하는 방법 알기

4.1 티처블 머신 사용방법 알기

티처블 머신을 사용해서 이미지를 학습시키는 방법을 알아보겠습니다. '티처블 머신'이라고 검색합니다.

'시작하기'를 클릭합니다.

'이미지 프로젝트'를 선택합니다.

'표준 이미지 모델'을 선택합니다.

'Class 1'이라고 이름을 적혀있습니다. 이것을 클래스라고 합니다. 티처블 머신이 사진을 분류할 때 클래스를 기준으로 분류합니다.

Class 1이라고 적힌 곳을 클릭해서 '1'로 바꿉니다. 그리고 웹캠을 클릭합니다.

■ 카메라 사용

카메라 사용 관련 메시지가 뜨면 '허용'을 클릭합니다.

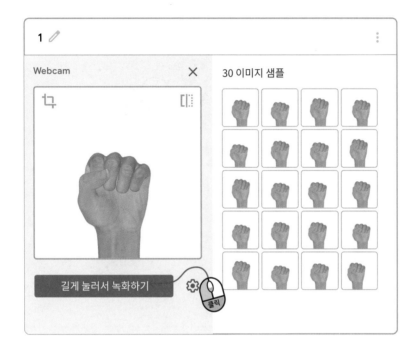

30~100개 정도 사진을 찍습니다. 너무 많이 찍으면 학습하는 데 시간이 오래 걸릴 수 있습니다.

다양한 각도에서 사진을 찍습니다.

만약 마음에 들지 않는 사진이 있다면 삭제 버튼을 클릭해서 삭제합니다.

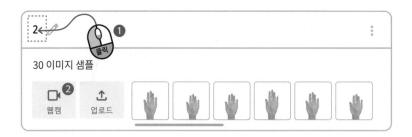

같은 방법으로 레이블을 '2'로 정하고 손바닥 사진을 찍습니다.

클래스를 더 추가하겠습니다. '클래스 추가'를 클릭합니다.

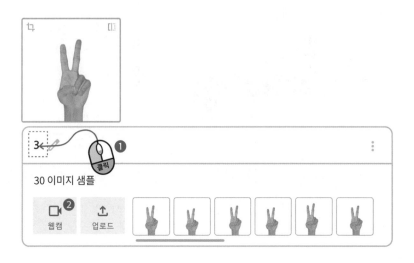

클래스 이름을 '3'이라고 하고 가위 모양 사진을 찍습니다.

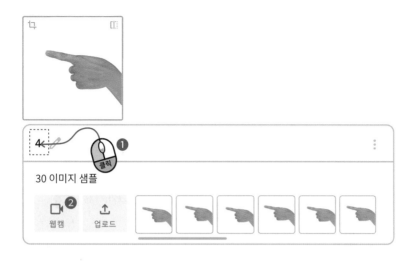

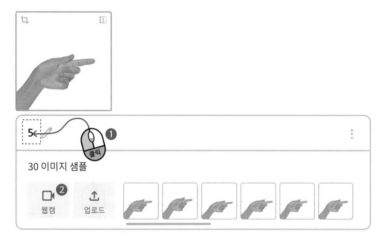

이와 같은 방법으로 왼쪽을 가리키는 손은 '4'로, 오른쪽을 가리키는 손은 '5'로 해서 사진을 찍습니다.

이렇게 찍은 사진으로 학습을 시킵니다. '모델 학습시키기'를 클릭합니다.

학습을 할 때 다른 웹페이지를 열거나 브라우저 창을 닫으면 안 됩니다. 학습이 다 될 때까지 기다립니다.

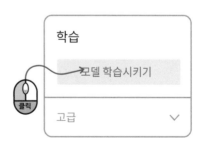

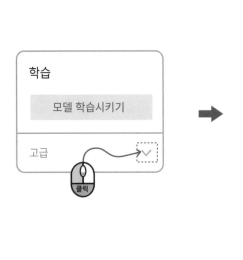

고급 설정에서 여러 가지 설정을 할 수 있습니다.

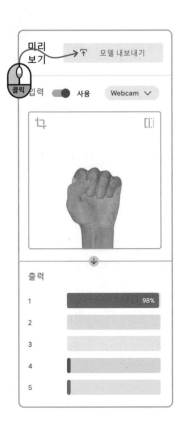

학습이 잘 되었는지 확인합니다. 이미지를 학습한 결과에 따라서 사진을 분류합니다. 우리가 정한 클래스 이름으로 이미지를 분류해줍니다.

만약 손가락 모양을 잘 구분하지 못하면 다시 학습합니다.

이상이 없다면 '모델 내보내기'를 클릭합니다.

'Tensorflow.js'를 선택하고 '모델 업로드'를 클릭합니다.

그러면 링크가 나옵니다. 이 링크를 복사해서 잘 저장해놓습니다.

인터넷 브라우저에서 링크를 입력하면 학습한 데이터에 따라서 이미지를 분류해주는 페이지가 열립니다.

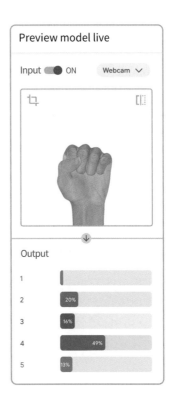

p5.js에서 이렇게 학습한 데이터로 이미지를 분류하는 프로그램을 만들어 보겠습니다.

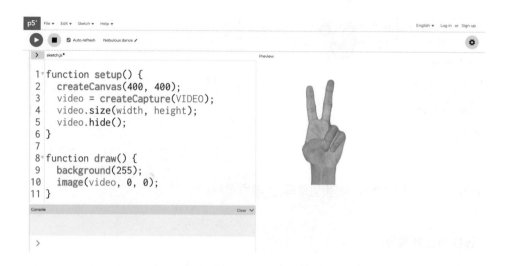

먼저 p5.js에서 카메라를 사용하는 방법을 알아보겠습니다.

createCapture(VIDEO) 코드를 실행하면 비디오 객체가 만들어집니다. 그러면 컴퓨터와 연결된 카메라를 사용할 수 있습니다. 이것을 video 변수에 저장합니다. 이렇게 만들면 캔버스 아래에 비디오 객체가 생깁니다.

video.size 함수로 비디오 객체의 크기를 정합니다. video.size(width, height)로 캔버스 크기와 같게 합니다.

video.hide()를 해서 캔버스 아래 비디오 화면이 보이지 않도록 합니다.

이렇게 카메라로 찍은 이미지를 image(video, 0, 0)로 캔버스에 그립니다.

🎥 카메라 사용

카메라 사용 관련 메시지가 뜨면 '허용'을 클릭합니다.

그러면 위와 같이 카메라에 찍힌 사진이 실시간으로 캔버스에 보입니다.

4.2 ML5.js 사용방법 알기

ML5.js 파일을 사용하겠습니다. 'ml5.js'라고 검색해서 사이트에 들어갑니다.

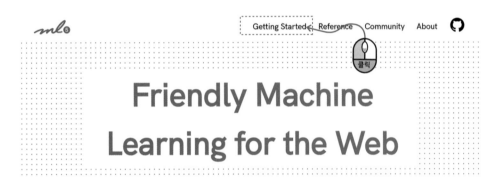

'Getting Started' 메뉴를 클릭합니다.

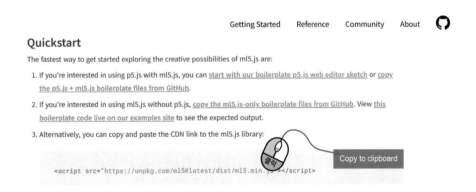

그러면 ML5.js 파일 경로가 나옵니다. ml5.min.js는 ML5.js를 압축한 파일입니다. 이 경로를 복사합니다.

4.3 이미지 분류하는 방법 알기

```
<script src="https://unpkg.com/ml5@latest/dist/ml5.min.js"></script>
```

그리고 index.html에 ML5.js 경로를 붙여넣습니다.

editor.p5js.org/itple/sketches에서 'video'를 클릭하면 완성된 코드를 확인할 수 있습니다.

```
let modelURL = "https://teachablemachine.withgoogle.com/models/WhdpGqntO/"
let video;
let classifier;

function preload(){
  classifier = ml5.imageClassifier(modelURL + "model.json");
}

function setup() {
  createCanvas(400, 400);
  video = createCapture(VIDEO);
  video.size(width, height);
  video.hide();
  classifyVideo();
}

function draw() {
  background(255);
  image( video , 0, 0);
}
```

preload 함수에서 인공지능에 필요한 데이터를 가져옵니다. preload 함수는 setup 함수 전에 실행되는 함수로 여러 데이터를 가져올 때 사용합니다.

데이터 경로는 티처블 머신의 경로에 뒤에 model.json를 붙여야 합니다.

https://teachablemachine.withgoogle.com/models/WhdpGqntO/model.json이 되겠죠?

modelURL 변수를 만들어서 티처블 머신의 경로를 문자열로 저장합니다. 그리고 학습한 데이터에 따라서 이미지를 분류해주는 classifier 변수를 만듭니다.

ml5.imageClassifier 함수 안에 model.json 경로를 입력하고 classifier 변수에 저장합니다. 이렇게 저장한 객체로 이미지를 분류합니다.

```javascript
function classifyVideo(){
  classifier.classify(video, gotResults);
}

function gotResults(error, results){
  if(error){
    console.error(error);
    return;
  }
  console.log(results);
}
```

classifyVideo 함수를 만듭니다. 인공지능 객체의 classify 함수로 카메라로 찍은 사진을 분류하고 그 결과를 알려줍니다. 결과를 알려주는 gotResults 함수를 만듭니다.

gotResults 함수는 첫 번째 인자는 error고 두 번째 인자는 results입니다. 만약 에러가 생기면 return 코드를 실행해서 함수를 종료합니다. 그렇지 않다면 분류한 결과인 results 값을 콘솔창에 보여줍니다.

```
▶ (5) [Object, Object, Object, Object, Object]
```

카메라로 한 번 촬영을 하면 아래와 같이 객체가 나옵니다.

```
▼ (5) [Object, Object, Object, Object, Object]
  ▼ 0: Object
    label: "1"
    confidence: 0.611839234828949
  ▼ 1: Object
    label: "3"
    confidence: 0.25688356161117554
  ▼ 2: Object
    label: "4"
    confidence: 0.08157556504011154
  ▼ 3: Object
    label: "2"
    confidence: 0.029813414439558983
  ▼ 4: Object
    label: "5"
    confidence: 0.019888225942850113
```

왼쪽 삼각형을 클릭하면 어떤 객체가 있는지 볼 수 있습니다.

각 객체는 label과 confidence 값이 있습니다. label은 티처블 머신에서 정한 클래스 이름입니다. confidence는 확률입니다. 사진을 분류하면 '1' 클래스일 확률이 약 61%라는 뜻입니다.

gotResults 함수 두 번째 인자의 results에서 0번째 객체가 가장 확률이 높은 객체입니다.

results[0].label이 확률이 가장 높은 클래스 이름인 것입니다.

label 변수를 만들고 gotResult 함수 안에서 results[0].label로 변숫값을 정합니다.

이 label 변숫값을 text 함수를 사용해서 캔버스 가운데 아래에 글자로 나타냅니다.

그리고 계속 사진을 분류할 수 있도록 gotResult 함수 안에 classifyVideo 함수를 호출합니다.

```
p5*  File ▾  Edit ▾  Sketch ▾  Help ▾

▶  ■   □ Auto-refresh   video by itple

>  sketch.js

 1  let modelURL = "https://teachablemachine.withgoogle.com/models/WhdpGqntO/"
 2  let video;
 3  let flippedVideo;
 4  let classifier;
 5  let label = "";
 6
 7  function preload() {
 8    classifier = ml5.imageClassifier(modelURL + 'model.json');
 9  }
10
11  function setup() {
12    createCanvas(400, 400);
13    video = createCapture(VIDEO);
14    video.size(width, height-40);
15    video.hide();
16    flippedVideo = ml5.flipImage(video);
17    classifyVideo();
18  }
19
20  function draw() {
21    background(255);
22    image(flippedVideo, 0, 0);
23    fill(0);
24    textSize(30);
25    textAlign(CENTER,CENTER );
26    text(label, width / 2, height - 10);
27  }
28
29
30  function classifyVideo() {
31    flippedVideo = ml5.flipImage(video);
32    classifier.classify(flippedVideo, gotResult);
33    flippedVideo.remove();
34  }
35
36  function gotResult(error, results) {
37    if (error) {
38        console.error(error);
39        return;
40    }
41    label = results[0].label;
42    classifyVideo();
43  }

Console                                                                    Clear ∨

>
```

카메라 화면이 거울처럼 보이도록 왼쪽과 오른쪽을 뒤집어야 합니다.

flippedVideo 변수를 만듭니다. 찍은 화면(video)을 ml5.flipImage 함수로 뒤집어서 flippedVideo 변수에 저장합니다. image 함수로 flippedVideo를 캔버스에 그립니다. 그리고 flippedVideo를 삭제합니다.

1

손모양을 잘 분류하는지 확인합니다.

한 단계 더!

위의 코드에서 손모양에 따라서 캔버스에 도형을 그리도록 프로그램을 만들어 보세요. 아래 코드에서 빈칸을 완성하세요.

- 캔버스에 손모양이 나오지 않습니다.

- 클래스에 따라서 도형을 그림을 그립니다.

- 손모양을 잘 분류하지 못한다면 티처블 머신에서 다시 학습을 시키는 것이 좋습니다.

클래스	코드
1	색깔이 #ff2991이고 지름이 200인 원을 캔버스 가운데에 그립니다.
2	색깔이 #ffff00이고 각 변이 크기가 200인 사각형을 캔버스 가운데에 그립니다.
3	캔버스에 그린 그림을 지웁니다.

```
function draw() {
    ⬚⬚⬚⬚⬚⬚⬚(255);
  if(label == "1"){

      ⬚⬚⬚⬚⬚⬚⬚⬚⬚⬚⬚⬚

  }
  else if(label == "2"){

      ⬚⬚⬚⬚⬚⬚⬚⬚⬚⬚⬚⬚

  }
  else if(label == "3"){
      ⬚⬚⬚⬚⬚⬚⬚(255);
  }
  fill(0);
  textAlign(CENTER, CENTER);
  textSize(30);
  text(label, width / 2, height - 10);
}
```

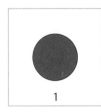

1

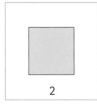

2

3

이번 시간에는 아두이노 스탠드를 만들고 밝기와 전원 스위치를 조작할 수 있는 코드와 손모양에 따라 불을 켜고 끄는 코드에 대해 알아보겠습니다.

이 장의 목표

❶ 스텐드 부품 조립

❷ 회로 구성

❸ 아두이노 스탠드 코드

❹ 아두이노 인공지능 스탠드 코드

5.1 스텐드 부품 조립

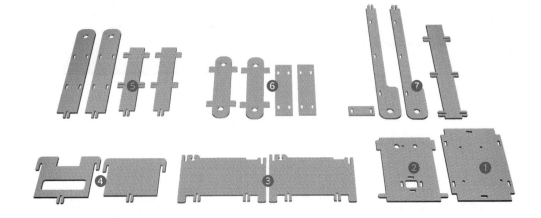

❶ 스탠드밑면　　❷ 스탠드윗면　　❸ 스탠드좌,우　　❹ 스탠드앞, 뒤

❺ 1번 기둥(4개)　　❻ 2번 기둥(4개)　　❼ 3번 기둥 (4개)

스탠드를 구성하는 외관 부품들입니다.

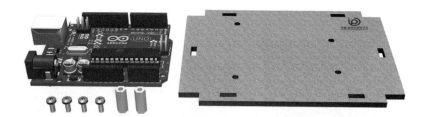

1. 스탠드의 밑면과 우노 보드를 준비합니다.

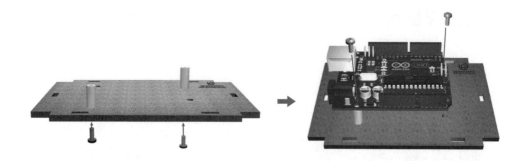

2. 볼트를 이용하여 서포터를 고정시키고 우노보드를 올려 서포터와 볼트를 이용하여 고정시킵니다.

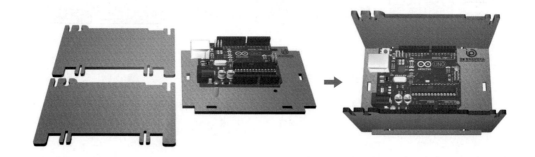

3. 조립된 밑면에 앞면과 뒷면을 조립합니다. 조립할 때 다른 부분이 부러지지 않도록 주의하여 조립합니다.

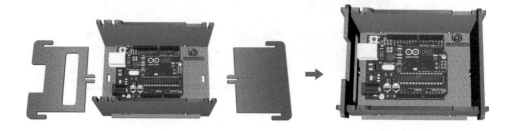

4. 왼쪽과 오른쪽 면을 조립합니다. 왼쪽은 우노보드와 연결하기 위한 포트가 뚫려 있습니다. 이때에도 다른 부분이 부러지지 않도록 주의해야 합니다.

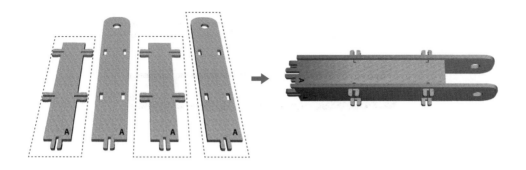

5. 첫 번째 기둥을 조립합니다. 첫 번째 기둥은 그림과 같이 A라고 쓰여져 있습니다. 조립할 시에 빨간색 조립품에 파란색 2개를 먼저 조립해야 합니다.

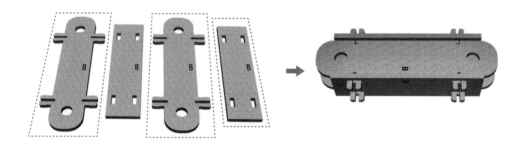

6. 두 번째 기둥입니다. B라고 쓰여 있습니다. 첫 번째 기둥과 마찬가지로 빨간색 조립품에 파란색 2개를 먼저 조립해야 합니다.

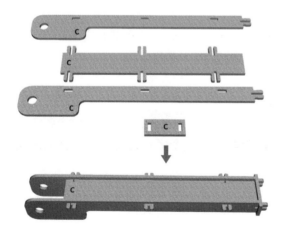

7. 세 번째 기둥입니다. LED 스트랩이 부착될 부분이기 때문에 다른 기둥과 다르게 아랫부분이 뚫려 있습니다. 대신 앞쪽을 막아주는 조립품이 있습니다.

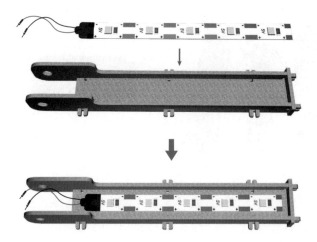

8. 조립이 끝난 세 번째 기둥과 LED 스트랩을 준비합니다. LED 스트랩 뒷면은 파란색 양면테이프로 되어 있습니다. 파란색 부분을 떼어 세 번째 기둥 가운데에 붙여줍니다.

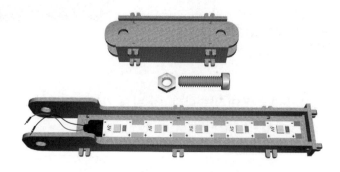

9. 완성된 세 번째 기둥과 두 번째 기둥 그리고 볼트와 너트를 준비합니다. 이때 볼트와 너트는 두 개의 기둥을 결합할 때 사용됩니다.

10. LED 스트랩의 케이블을 2번째 기둥으로 빼고, 위 이미지와 같이 볼트와 너트로 결합시켜줍니다.

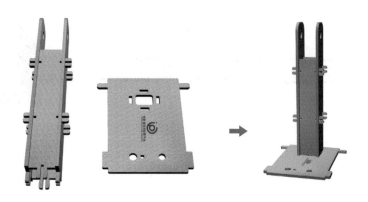

11. 스탠드 윗면에 첫 번째 기둥을 조립합니다.

12. 첫 번째 기둥과 조립 스탠드 윗면을 스탠드의 구멍에 맞춰 끼워줍니다.

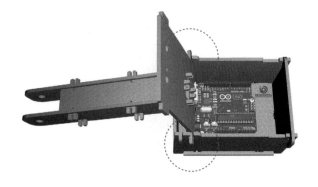

13. 암수케이블 20cm 2개를 준비합니다. 케이블의 색에 따라 정해진 역할은 없으므로 원하는 색 2가지를 준비하면 됩니다. 우노보드와 LED 케이블을 연결하는 데 사용됩니다.

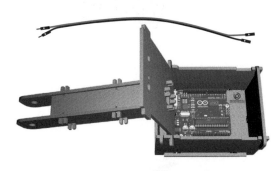

14. 디지털 3핀과 GND를 연결합니다. 그리고 첫 번째 기둥으로 넣어줍니다.

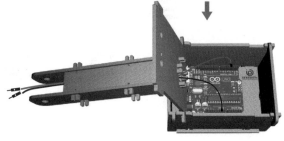

15. 첫 번째 기둥으로 나온 케이블과 LED 스트랩의 케이블을 연결합니다. 이때 LED 스트랩의 빨간 케이블은 디지털 3핀과 연결된 케이블과 연결하고, LED 스트랩의 검은색 케이블은 우노보드의 GND와 연결된 케이블과 연결합니다. 덮개가 열린 상태로 연결하게 되면 길이가 짧을 수 있기 때문에 덮개를 닫은 상태로 연결해야 수월하게 진행할 수 있습니다.

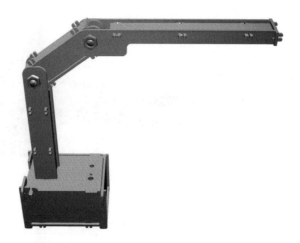

16. 케이블 연결이 완료되면 세 번째 기둥과 두 번째 기둥을 결합했던 것과 같이 첫 번째 기둥과 두 번째 기둥을 결합해줍니다.

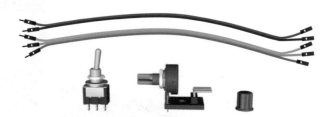

17. 가변저항 모듈과 가변저항 노브, 암수 케이블 20cm 3개를 준비합니다.

18. 암수케이블을 가변저항 모듈과 연결합니다. 가변저항의 VCC와 연결한 케이블은 우노보드의 5V, GND는 GND, OUT은 A0과 연결합니다. 그림과 같이 가변저항을 덮개와 결합합니다. 가변저항에 네모난 모양으로 튀어 나온 부분이 있는데 위치를 잘 맞춰 결합하면 됩니다.

19. 토글스위치를 준비합니다. 이미지에는 검은색과 보라색인데 케이블의 색상은 특별한 역할이 정해져 있지 않기 때문에 색은 상관없습니다. 토글스위치를 13번핀과 13번 핀 옆에있는 GND와 연결합니다.

20. 선을 잘 정리하고 덮개를 덮습니다. 이후에 가변저항을 시계반대방향으로 돌리고 이미지와 같이 노브를 꽂아줍니다.

21. 스탠드가 완성되었습니다.

5.2 회로 구성

1. LED 스트랩 연결

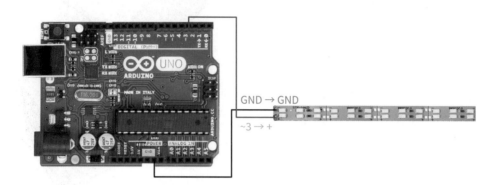

LED 스트랩의 +선은 디지털 3번 핀에, -선은 GND에 연결합니다.

우노보드에 연결할 때 LED 스트랩에 어떤 색의 케이블과 연결되었는지 확인 후 연결합니다.

2. 토글스위치 연결

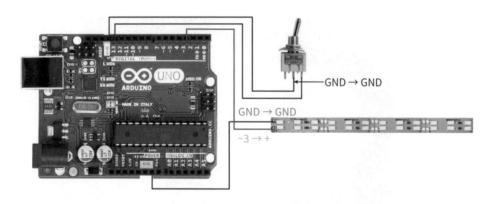

토글스위치의 보라색 케이블은 디지털 13번 핀에, 검은색 케이블은 13번 핀 옆에 있는 GND에 연결합니다.

토글스위치를 이용하여 스탠드의 전원을 조작합니다. 종종 토글스위치의 케이블이 검은색이나 보라색이 아닐 수도 있는데, 색상은 상관없기 때문에 디지털 13번과 GND만 연결하면 됩니다.

3. 포텐셔미터 연결

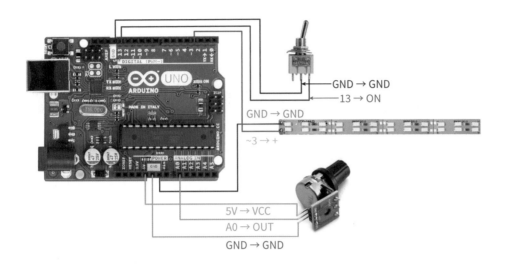

포텐셔미터를 이용하여 스탠드 밝기를 조절합니다. VCC는 5V, GND는 GND와 연결합니다. 포텐셔미터의 가운데 핀(OUT)은 아날로그 0번 핀과 연결하여 0~1023 사이의 값을 나타낼 수 있게 합니다.

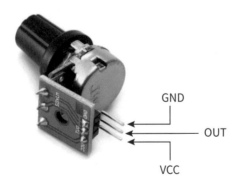

그림은 우리가 사용하는 포텐셔미터입니다. VCC OUT GND 3가지 핀이 있습니다.

5.3 아두이노 스탠드 코드

1. LED 스트랩 전원 코드

```
sketch_01 | Arduino IDE 2.1.0                        —  □  ×
파일(F)  편집  스케치  도구  도움말

         Arduino Uno                ▼

sketch_01.ino
   1    void setup() {
   2      pinMode(3, OUTPUT);
   3    }
   4
   5    void loop() {
   6        digitalWrite(3, HIGH);
   7      }
                                    Arduino Uno COM3 켜기
```

LED 스트랩을 연결한 디지털 3번 핀을 OUTPUT으로 설정하고 3번 핀에 HIGH 신호를 보내는 코드를 작성하고 업로드 합니다.

업로드 후에 LED 스트랩에 빛이 나는지 확인합니다.

빛이 나지 않으면 디지털 핀과 GND가 반대로 꽂힌 건 아닌지, 케이블은 제대로 연결되어 있는지 확인합니다.

2. 토글스위치 LED ON/OFF 코드

```
sketch_01 | Arduino IDE 2.1.0                                    —    □    ×
파일(F) 편집 스케치 도구 도움말
      ⟋  Arduino Uno                    ▼

sketch_01.ino                                                            ...
    1     void setup() {
    2       pinMode(3, OUTPUT);
    3       pinMode(13, INPUT_PULLUP);
    4     }
    5
    6     void loop() {
    7       int state = digitalRead(13);
    8
    9       if(state == 1) {
   10         digitalWrite(3, HIGH);
   11       }
   12       else{
   13         digitalWrite(3, LOW);
   14       }
   15     }
                                          Arduino Uno COM3 켜기    ⌂  ▭
```

토글스위치와 연결된 13번 핀을 INPUT으로 설정합니다.

하지만 단순한 INPUT이 아닌 뒤에 PULLUP을 붙여 INPUT_PULLUP으로 설정합니다. 아두이노 보드에는 내부 풀업이 있어 평소에 1값을 반환합니다.

13번 핀에 연결된 토글스위치의 반대편에는 GND가 연결되어 있어 13번 핀과 GND가 연결되면 0값을 반환합니다. 13번 핀을 읽은 값을 정수형 변수 state에 저장합니다. state에 저장된 1 또는 0 값에 따라 LED의 전원을 조작합니다.

업로드 후에 제대로 작동하지 않으면 13번 핀과 GND에 제대로 연결되었는지 확인합니다.

3. 포텐셔미터 스탠드 밝기 변경 코드

```
void setup() {
  pinMode(3, OUTPUT);
  pinMode(13, INPUT_PULLUP);
}

void loop() {
  int state = digitalRead(13);
  int brightness = analogRead(A0);

  if(state == 1) {
    analogWrite(3, brightness);
  }
  else{
    digitalWrite(3, LOW);
  }
}
```

포텐셔미터는 아날로그 핀에 연결되므로 pinMode를 설정할 필요 없습니다.

아날로그 0핀으로 읽은 값을 정수형 변수 brightness에 저장합니다. state 값이 1일 때 digitalWrite가 아닌 analogWrite를 이용하여 밝기를 변경할 수 있게 합니다. 전달할 값은 brightness에 저장된 값입니다.

업로드 하고 테스트를 진행하면 점점 밝아지나 싶더니 스탠드의 LED가 꺼지고 다시 밝아지는 현상이 보입니다. 이런 현상은 오버플로우로 인한 현상으로 아날로그값의 범위와 PWM 값의 범위가 달라서 발생합니다.

```
sketch_01 | Arduino IDE 2.1.0                                    —   □   ×
파일(F)  편집  스케치  도구  도움말
   ⊘  →  ▶     ⫿ Arduino Uno              ▼                      ⋀   ·Ọ·

   sketch_01.ino                                                      ···
     1   void setup() {
     2     pinMode(3, OUTPUT);
     3     pinMode(13, INPUT_PULLUP);
     4   }
     5
     6   void loop() {
     7     int state = digitalRead(13);
     8     int brightness = analogRead(A0);
     9     brightness = map(brightness, 0, 1023, 0, 255);
    10
    11     if(state == 1) {
    12       analogWrite(3, brightness);
    13     }
    14     else{
    15       digitalWrite(3, LOW);
    16     }
    17   }
                                        Arduino Uno COM3 켜기   ♪  ▢  ▭
```

map() 함수를 이용하여 0~1023의 범위를 0~255로 설정하고 다시 brightness 값에 대입합
니다. 그러면 12번 줄의 analogWrite에서 변경된 값의 범위가 적용됩니다.

5.4 아두이노 인공지능 스탠드 코드

손모양에 따라서 스탠드의 불을 켜고 끄는 프로그램을 만들어 보겠습니다.

주먹 모양이면 불을 끄고, 손바닥 모양이면 불을 켭니다.

클래스	손모양	LED
1	주먹	꺼짐
2	손바닥	켜짐

```
sketch_01 | Arduino IDE 2.1.0                                    —    □    ×
파일(F)  편집  스케치  도구  도움말

  ✓  →  ⟩    ⬡ Arduino Uno                    ▼                    ⋀  ⟲

📁   sketch_01.ino                                                      ···
      1    void setup() {
🗂️     2      pinMode(3, OUTPUT);
      3      Serial.begin(9600);
📖    4    }
      5
▷     6    void loop() {
      7      while (Serial.available()){
🔍    8        String data = Serial.readStringUntil("\n");
      9        if(data == "1"){
     10          digitalWrite(3, LOW);
     11        }
     12        else if(data == "2"){
     13          digitalWrite(3, HIGH);
     14        }
     15      }
     16    }

                                          Arduino Uno COM3 켜기   🔔  ⊟
```

p5.js에서 손모양에 따라서 데이터를 "1" 또는 "2"를 보냅니다. 이 값에 따라서 불을 켜고 끌 수 있도록 다음과 같이 코딩합니다.

```html
1   <!DOCTYPE html>
2   <html lang="en">
3     <head>
4       <script src="https://cdnjs.cloudflare.com/ajax/libs/p5.js/1.9.0/p5.js"></script>
5       <script
    src="https://cdnjs.cloudflare.com/ajax/libs/p5.js/1.9.0/addons/p5.sound.min.js"></script>
6       <link rel="stylesheet" type="text/css" href="style.css">
7       <meta charset="utf-8" />
8
9     </head>
10    <body>
11      <main>
12      </main>
13        <script
    src="https://cdn.jsdelivr.net/npm/p5.serialport@0.0.31/lib/p5.serialport.min.js"></script>
14        <script src="https://unpkg.com/ml5@latest/dist/ml5.min.js"></script>
15        <script src="sketch.js"></script>
16    </body>
17  </html>
```

<script src="https://cdn.jsdelivr.net/npm/p5.serialport@0.0.31/lib/p5.serialport.min.js"></script>

<script src="https://unpkg.com/ml5@latest/dist/ml5.min.js"></script>

손모양에 따라서 시리얼 통신으로 데이터를 보내주는 프로그램을 만들겠습니다.

index.html에 p5.serialport.js와 ML5.js 파일을 추가합니다.

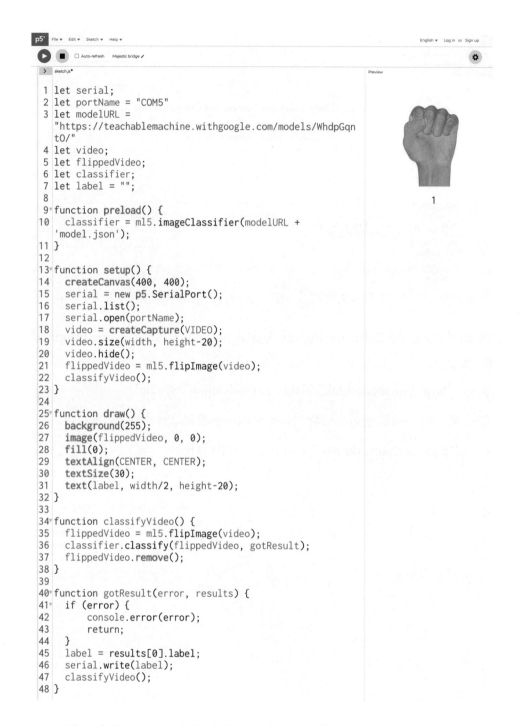

```
1  let serial;
2  let portName = "COM5"
3  let modelURL =
   "https://teachablemachine.withgoogle.com/models/WhdpGqn
   tO/"
4  let video;
5  let flippedVideo;
6  let classifier;
7  let label = "";
8
9  function preload() {
10   classifier = ml5.imageClassifier(modelURL +
   'model.json');
11 }
12
13 function setup() {
14   createCanvas(400, 400);
15   serial = new p5.SerialPort();
16   serial.list();
17   serial.open(portName);
18   video = createCapture(VIDEO);
19   video.size(width, height-20);
20   video.hide();
21   flippedVideo = ml5.flipImage(video);
22   classifyVideo();
23 }
24
25 function draw() {
26   background(255);
27   image(flippedVideo, 0, 0);
28   fill(0);
29   textAlign(CENTER, CENTER);
30   textSize(30);
31   text(label, width/2, height-20);
32 }
33
34 function classifyVideo() {
35   flippedVideo = ml5.flipImage(video);
36   classifier.classify(flippedVideo, gotResult);
37   flippedVideo.remove();
38 }
39
40 function gotResult(error, results) {
41   if (error) {
42       console.error(error);
43       return;
44   }
45   label = results[0].label;
46   serial.write(label);
47   classifyVideo();
48 }
```

gotResult 함수에서 label 변숫값을 시리얼 통신으로 보내도록 serial.write(label) 코드를 추가했습니다.

잘 되는지 확인해볼까요? 생각한 대로 스탠드의 불이 작동하지 않는 경우가 있습니다.

p5.js에서 짧은 시간에 너무 많이 데이터를 보내면 아두이노에서 데이터를 잘 처리하지

못합니다. 어떻게 하면 될까요?

```
p5*  File ▾  Edit ▾  Sketch ▾  Help ▾                                              English ▾  Log in  or  Sign up
▶  ■  ☐ Auto-refresh  ai-stand  by itple                                                              ⚙
>  sketch.js                                                                     Preview
 1  let serial;
 2  let portName = "COM5"
 3  let modelURL =
    "https://teachablemachine.withgoogle.com/models/WhdpGqn
    tO/"
 4  let video;
 5  let flippedVideo;
 6  let classifier;
 7  let label = "";
 8  let preLabel = "";
 9
10  function preload() {
11    classifier = ml5.imageClassifier(modelURL +
    'model.json');
12  }
13
14  function setup() {
15    createCanvas(400, 400);
16    serial = new p5.SerialPort();
17    serial.list();
18    serial.open(portName);
19    video = createCapture(VIDEO);
20    video.size(width, height-40);
21    video.hide();
22    flippedVideo = ml5.flipImage(video);
23    classifyVideo();
24  }
25
26  function draw() {
27    background(255);
28    image(flippedVideo, 0, 0);
29    fill(0);
30    textAlign(CENTER, CENTER);
31    textSize(30);
32    text(label, width/2, height-20);
33  }
34
35  function classifyVideo() {
36    flippedVideo = ml5.flipImage(video);
37    classifier.classify(flippedVideo, gotResult);
38    flippedVideo.remove();
39  }
40
41  function gotResult(error, results) {
42    if (error) {
43        console.error(error);
44        return;
45    }
46    label = results[0].label;
47    if(label == "1" || label == "2"){
48      sendData();
49    }
50    classifyVideo();
51  }
52
53
54  function sendData(){
55    if(preLabel != label){
56      preLabel = label;
57      serial.write(label);
58    }
59  }
```

1

label 변숫값이 "1" 또는 "2"일 때 label 값이 바뀐 경우에만 데이터를 보내는 것입니다.

처음에는 label은 빈 문자열입니다.

손모양으로 주먹을 바꿨습니다. 그러면 label 변수가 "1"로 바뀝니다. 이때 label 변숫값을 시리얼 통신으로 보냅니다.

손모양이 계속 주먹이면 label 변숫값이 바뀌지 않았기 때문에 데이터를 보내지 않습니다.

그러다가 손바닥으로 모양을 바꿨습니다. 그러면 label 변수가 "2"로 바뀝니다. 이때 label 변숫값을 시리얼 통신으로 보냅니다.

preLabel 변수를 만들어서 이전에 label 변숫값을 저장합니다.

그리고 sendData 함수를 만듭니다.

label 변숫값이 "1" 또는 "2" 일 때 sendData 함수를 호출합니다.

sendData 함수는 preLabel 변수와 label 변수를 비교해서 값이 다르면 serial.write(label)로 데이터를 보냅니다. 그리고 preLabel 변숫값을 label 변숫값으로 정해서 값이 바뀌었는지 계속 확인합니다.

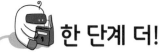

한 단계 더!

손가락으로 스탠드의 밝기 조절하는 인공지능 프로그램을 만들어 보세요.

손모양을 잘 분류하지 못한다면 티처블 머신에서 다시 학습을 시키는 것이 좋습니다.

- 왼쪽을 향하는 손가락이 보이면 스탠드 LED가 점점 어두워집니다.
- 오른쪽을 향하는 손가락이 보이면 스탠드 LED가 점점 밝아집니다.
- 스탠드 LED의 밝기는 0~255 사이의 값으로 정합니다.

클래스	손모양	LED
4	왼쪽을 향하는 손가락	어두워진다.
5	오른쪽을 향하는 손가락	밝아진다.

4

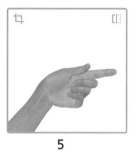

5

정답

Chapter4 전자회로 기초 학습

1. LED

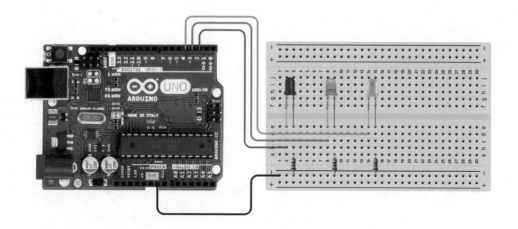

```
sketch_01 | Arduino IDE 2.1.0                                    —    □    ×
파일(F)  편집  스케치  도구  도움말

     ✓  →  ‹•›      Arduino Uno              ▼                      ᐱᐯ  ·Ọ·

       sketch_01.ino                                                    ...
    1  void setup() {
    2    pinMode(2, OUTPUT);
    3    pinMode(3, OUTPUT);
    4    pinMode(4, OUTPUT);
    5  }
    6
    7  void loop() {
    8    digitalWrite(2, 255);
    9    digitalWrite(3, 0);
   10    digitalWrite(4, 0);
   11    delay(1000);
   12
   13    digitalWrite(2, 0);
   14    digitalWrite(3, 255);
   15    digitalWrite(4, 0);
   16    delay(1000);
   17
   18    digitalWrite(2, 0);
   19    digitalWrite(3, 0);
   20    digitalWrite(4, 255);
   21    delay(1000);
   22  }
                                          Arduino Uno COM3 켜기  ⏻  ⊟
```

Chapter4 전자회로 기초 학습

2. RGB LED

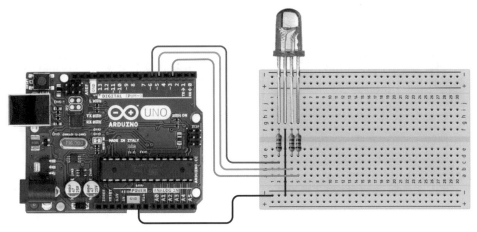

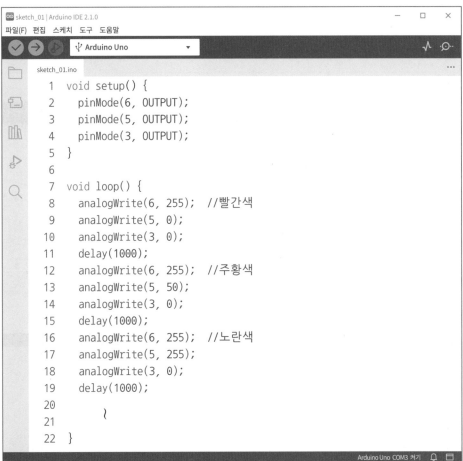

```
1  void setup() {
2    pinMode(6, OUTPUT);
3    pinMode(5, OUTPUT);
4    pinMode(3, OUTPUT);
5  }
6
7  void loop() {
8    analogWrite(6, 255);  //빨간색
9    analogWrite(5, 0);
10   analogWrite(3, 0);
11   delay(1000);
12   analogWrite(6, 255);   //주황색
13   analogWrite(5, 50);
14   analogWrite(3, 0);
15   delay(1000);
16   analogWrite(6, 255);   //노란색
17   analogWrite(5, 255);
18   analogWrite(3, 0);
19   delay(1000);
20       〉
21
22  }
```

Chapter4 전자회로 기초 학습

3. 포텐셔미터

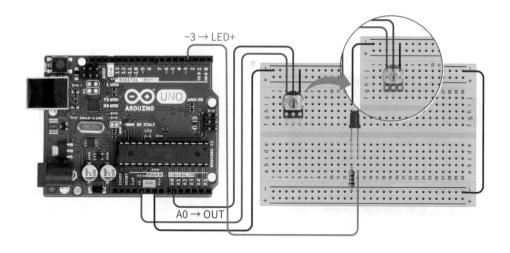

```
sketch_01 | Arduino IDE 2.1.0                                    —   □   ×
파일(F) 편집 스케치 도구 도움말

        ✓  →  ▶      ψ Arduino Uno            ▼                          ⋀· ·ℴ··

        sketch_01.ino                                                     ···
    1   void setup() {
    2     pinMode(3, OUTPUT);
    3   }
    4
    5   void loop() {
    6     int val = analogRead(A0);
    7     int change_val = 0;
    8     change_val = map(val, 0, 1023, 255, 0);
    9     analogWrite(3, change_val);
   10     delay(10);
   11   }

                                            Arduino Uno COM3 켜기   ◯  ▤
```

Chapter4 전자회로 기초 학습

4. 푸시 버튼

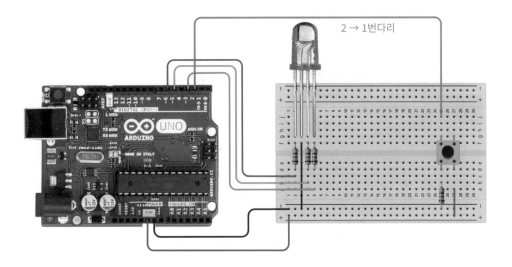

2 → 1번다리

```
sketch_01 | Arduino IDE 2.1.0                                    —   □   ×
파일(F) 편집 스케치 도구 도움말

   ✓  →  ⯈    Arduino Uno              ▼                        ⎐  ⦿

   sketch_01.ino                                                      ...
 1   void setup() {
 2     pinMode(6, OUTPUT);
 3     pinMode(5, OUTPUT);
 4     pinMode(3, OUTPUT);
 5     pinMode(2, INPUT);
 6   }
 7
 8   void loop() {
 9    int btn = digitalRead(2);
10    if(btn == 1){
11     int R = random(256);
12     int G = random(256);
13     int B = random(256);
14     analogWrite(6, R);
15     analogWrite(5, G);
16     analogWrite(3, B);
17    }
18     delay(10);
19   }
                                           Arduino Uno COM3 켜기  ⚐  ⊟
```

5. 조도센서

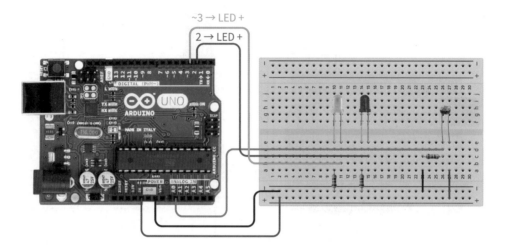

```
sketch_01 | Arduino IDE 2.1.0                                    —    □    ×
파일(F) 편집 스케치 도구 도움말
     ✓  →  ▶        Arduino Uno              ▼                        ⋀  ·۞··
  sketch_01.ino                                                           ...
   1   void setup() {
   2     pinMode(2, OUTPUT);
   3     pinMode(3, OUTPUT);
   4   }
   5   void loop() {
   6     int brightness = analogRead(A0);
   7     if(brightness < 200) {
   8       digitalWrite(2, LOW);
   9       digitalWrite(3, LOW);
  10       }
  11     else if(brightness < 400) {
  12       digitalWrite(2, HIGH);
  13       digitalWrite(3, LOW);
  14       }
  15     else if(brightness < 600) {
  16       digitalWrite(2, LOW);
  17       digitalWrite(3, HIGH);
  18       }
  19     else {
  20       digitalWrite(2, HIGH);
  21       digitalWrite(3, HIGH);
  22       }
  23     delay(3000);
  24   }
                                            Arduino Uno COM3 켜기   ⌂  ▭
```

Chapter4 전자회로 기초 학습

6. 피에조 버저

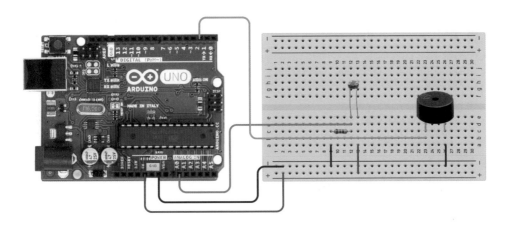

```
void setup() {
  pinMode(2, OUTPUT);
}
void loop() {
  int brightness = analogRead(A0);
  mapping_val = map(brightness, 1023, 0, 262, 493);
  tone(2, mapping_val);
}
```

Chapter5 인공지능을 활용한 작품 만들기

1. p5.js 기초

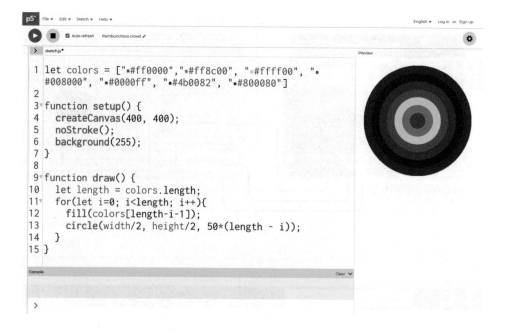

Chapter5 인공지능을 활용한 작품 만들기

2. p5.js 발전

```
1  let colors = ["=#ff2991", "=#ffff00", "=#ff4f22"]
2  let angle = 0;
3  let length = 80;
4  let padding = 40;
5
6  function setup() {
7    let canvasSize = length*3 + padding*4;
8    createCanvas(canvasSize, canvasSize);
9    angleMode(DEGREES);
10   rectMode(CENTER);
11   noStroke();
12 }
13
14 function draw() {
15   background(255);
16   for(let i=0; i<3; i++){
17     for(let j=0; j<3; j++){
18       push();
19       let x = padding + length/2 + (padding +
    length)*i;
20       let y = padding + length/2 + (padding +
    length)*j;
21       translate(x,y);
22       fill(colors[i%3]);
23       rotate(angle);
24       rect(0,0,length,length);
25       pop();
26     }
27   }
28   angle += 1;
29 }
```

4. p5.js 인공지능 프로젝트

```
function draw() {
  background(255);
  if(label == "1"){
    fill("#ff2991");
    circle(width/2, height/2, 200);
  }
  else if(label == "2"){
    fill("#ffff00");
    rectMode(CENTER);
    rect(width/2, height/2, 200, 200);
  }
  else if(label == "3"){
    background(255);
  }
  fill(0);
  textAlign(CENTER, CENTER);
  textSize(30);
  text(label, width / 2, height - 10);
}
```

MEMO

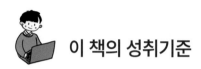

이 책의 성취기준

초등

수학

[2수02-01] 물체, 무늬, 수 등의 배열에서 규칙을 찾아 여러 가지 방법으로 표현할 수 있다.

[2수02-02] 자신이 정한 규칙에 따라 물체, 무늬, 수 등을 배열할 수 있다.

[2수03-03] 교실 및 생활 주변에서 여러 가지 물건을 관찰하여 삼각형, 사각형, 원의 모양을 찾고, 이를 이용하여 여러 가지 모양을 만들 수 있다.

[4수03-03] 직선의 수직 관계와 평행 관계를 이해한다.

[4수03-06] 원의 중심, 반지름, 지름을 이해하고, 그 성질을 안다.

[4수03-12] 주어진 도형을 이용하여 여러 가지 모양을 만들거나 채우고 설명할 수 있다.

[4수03-24] 각의 크기의 단위인 1도(°)를 알고, 각도기를 이용하여 각의 크기를 측정하고 어림할 수 있다.

과학

[4과07-01] 여러 가지 물체를 이용하여 소리를 내보고, 소리가 나는 물체는 떨림이 있음을 설명할 수 있다.

[4과07-02] 큰 소리와 작은 소리, 높은 소리와 낮은 소리를 구분하고, 세기와 높낮이가 다른 소리를 낼 수 있다.

[4과07-03] 여러 가지 물질을 통하여 소리가 전달되는 것을 관찰하고, 소음을 줄이는 방법을 찾아 일상생활에서 실천할 수 있다.

[6과02-01] 물체를 보기 위해서 빛이 있어야 함을 알고, 빛의 성질에 대해 흥미를 느낄 수 있다.

[6과08-02] 재생에너지의 종류를 조사하고, 에너지를 지속 가능하게 이용하는 방법에 관심을 갖는다.

[6과08-03] 자원과 에너지의 효율적인 이용 방법에 대해 탐색하고, 생활 속에서 실천할 수 있는 다양한 사례를 공유할 수 있다.

[6과15-01] 전지와 전구, 전선을 연결하여 전구에 불을 켜보고, 불이 켜지는 전기 회로의 특징을 말할 수 있다.

[6과15-02] 전지 한 개를 연결한 전기 회로와 전지 두 개를 직렬연결한 전기 회로의 특징을 비교할 수 있다.

[6과15-04] 전기를 효율적이고 안전하게 사용하는 방법을 조사하여 실천 계획을 세우고 일상생활에서 실천할 수 있다.

[6과16-01] 미래 사회에 일어날 수 있는 문제를 조사하고, 문제를 해결하는 데 과학이 이바지할 방법을 토의할 수 있다.

[6과16-02] 다양한 진로가 과학과 관련됨을 알고, 자신의 진로를 과학과 관련지어 설명할 수 있다.

실과

[6실03-01] 발명의 의미를 이해하고, 일상생활을 바꾼 발명품을 탐색하여 발명과 기술에 대한 중요성과 가치를 인식한다.

[6실03-02] 발명사고기법과 기술적 문제 해결 과정을 이해하고, 다양한 재료를 활용하여 생활 속 문제를 해결할 수 있는 창의적인 제품을 구상하고 만들어 봄으로써 실천적 태도를 갖는다.

[6실03-03] 발명과 특허의 관계를 이해하고, 특허 침해 사례를 통하여 지식재산권의 중요성을 인식하여 올바른 방법으로 활용한다.

[6실05-01] 컴퓨터를 활용한 생활 속 문제 해결 사례를 탐색하고 일상생활 속 문제를 해결하기 위한 알고리즘을 다양한 방법으로 표현한다.

[6실05-02] 컴퓨터에 명령하는 방법을 체험하고, 주어진 문제를 해결하는 프로그램을 작성한다.

[6실05-03] 실생활의 문제를 해결하는 프로그램을 협력하여 작성하고, 산출물을 타인과 공유한다.

[6실05-04] 디지털 데이터와 아날로그 데이터의 특징을 이해하고, 인공지능에 활용할 수 있는 데이터의 유형이나 형태를 탐색한다.

[6실05-05] 인공지능이 만들어지는 과정을 체험하고, 인공지능이 사회에 미치는 영향을 탐색한다.

미술

[4미01-01] 자연물과 인공물을 탐색하는 데 다양한 감각을 활용할 수 있다.

[4미01-03] 미적 탐색에 호기심을 갖고 참여하며 자신의 감각으로 대상의 특징을 이해할 수 있다.

[4미01-04] 생활 속에서 활용되는 미술에 관심을 가지고 미술의 특징과 역할을 발견할 수 있다.

[4미02-01] 관찰과 상상으로 아이디어를 떠올려 표현 주제를 구체화할 수 있다.

[4미02-03] 조형 요소의 특징을 자유롭게 탐색하며 주제 표현에 알맞게 활용할 수 있다.

[4미02-05] 미술과 타 교과를 관련지어 주제를 표현하는데 흥미를 느낄 수 있다.

[6미01-01] 다양한 감각과 매체를 활용하여 자신과 대상을 탐색할 수 있다.

[6미01-04] 이미지가 나타내는 의미를 비판적으로 이해하고 느낌과 생각을 전달하는 데 활용할 수 있다.

[6미02-01] 다양한 방법으로 아이디어를 연결하여 확장된 표현 주제로 발전시킬 수 있다.

[6미02-02] 디지털 매체 등 다양한 표현 재료와 용구를 탐색하여 작품 제작에 활용할 수 있다.

[6미02-03] 조형 요소의 어울림을 통해 조형 원리를 이해하고 주제 표현에 연결할 수 있다.

[6미02-05] 미술과 타 교과의 내용과 방법을 융합하는 활동을 자유롭게 시도할 수 있다.

[6미03-02] 미술 작품의 내용(소재, 주제 등)과 형식(재료와 용구, 표현 방법, 조형 요소와 원리 등)을 분석하여 작품의 특징을 설명할 수 있다.

[6미03-03] 공동체의 미술 문화 활동에 관심을 가지고 참여하며 경험을 공유할 수 있다.

[6미03-04] 다양한 방법을 활용하여 작품을 감상하며 작품에 관한 서로 다른 관점을 존중할 수 있다.

음악

[4음01-02] 기초적인 음악 요소를 살려 노래 부르거나 악기로 연주하고 느낌을 이야기한다.

[4음01-04] 생활 속에서 음악을 경험하며 연주에 관심을 가지고 참여한다.

[4음02-01] 음악을 듣고 기초적인 음악 요소를 탐색하며 반응한다.

[4음02-04] 생활 속에서 음악을 들으며 느낌과 호기심을 갖고 즐긴다.

[4음03-03] 기초적인 음악 요소를 활용하여 소리나 음악으로 표현한다.

[6음02-04] 생활 속에서 음악을 찾아 들으며 아름다움을 느끼고 공감한다.

[6음03-03] 음악의 요소를 활용하여 간단한 음악을 만든다.

중등

수학

[9수02-14] 함수의 개념을 이해하고, 함숫값을 구할 수 있다.

[9수03-01] 점, 선, 면, 각을 이해하고, 실생활 상황과 연결하여 점, 직선, 평면의 위치 관계를 설명할 수 있다.

과학

[9과01-01] 과학적 탐구 방법을 이해하고, 일상생활의 문제에 대한 과학적 해결방안을 제안할 수 있다.

[9과01-02] 과학의 발전이 인류 문명에 미친 영향을 이해하고, 인공지능 등 첨단 과학기술이 가져올 미래 사회의 변화를 조사하여 발표할 수 있다.

[9과01-03] 인류의 지속 가능한 삶을 위한 과학기술의 중요성과 역할에 대해 토의하고, 개인과 사회 차원의 활동 방안을 찾아 실천할 수 있다.

[9과14-02] 전기 회로에서 전류를 모형으로 설명하고, 실험을 통해 저항, 전류, 전압 사이의 관계를 끌어낼 수 있다.

[9과14-03] 저항의 직렬연결과 병렬연결의 특징을 비교하고, 일상생활에서 전기 에너지가 다양한 형태의 에너지로 전환됨을 소비 전력과 관련지어 설명할 수 있다.

[9과23-01] 과학과 관련된 직업의 종류와 하는 일을 조사하고, 과학기술의 발달로 생기는 미래 사회의 직업 변화를 예상할 수 있다.

[9과23-02] 자신의 진로와 관련 있는 과학 분야를 조사하고, 진로 선택을 위하여 필요한 과학 학습을 계획할 수 있다.

기술

[9기가03-01] 기술의 의미와 특성을 이해하고 기술의 발달에 따른 사회의 변화를 파악하며, 미래의 기술과 사회의 변화를 평가하고 예측함으로써 기술에 대한 가치를 인식한다.

[9기가03-02] 기술의 표준화, 적정 기술과 같은 기술 활용 사례를 탐구하고, 기술이 사회에 미치는 영향을 바르게 인식하여 기술 혁신과 사회 발전에 참여하는 태도를 갖는다.

[9기가03-03] 기술적 문제 해결 과정의 이해를 바탕으로 문제를 확인하고, 정보를 수집하며, 확산적 사고와 수렴적 사고를 통해 해결방안을 탐색하고 대안을 선정한다.

[9기가03-05] 발명의 개념을 이해하고, 발명 문제 해결 과정을 바탕으로 발명 활동을 체험하여 창조에 대한 자신감을 갖고 발명이 사회에 미친 영향과 가치를 인식한다.

[9기가04-04] 전기·전자 부품의 종류와 기능을 이해하고 기능에 맞는 부품을 선택하여 문제를 해결하기 위한 간단한 회로를 구성하고 제작 및 평가한다.

[9기가04-05] 정보통신과 인공지능 기술의 활용 사례를 탐구하고, 정보통신과 인공지능 기술이 우리 삶에 미치는 영향을 다양한 관점에서 평가한다.

[9기가04-06] 정보통신과 인공지능 기술 관련 문제를 이해하고 해결방안을 탐색, 실현, 평가함으로써 긍정적인 문제 해결 태도를 갖는다.

정보

[9정01-01] 컴퓨팅 시스템의 구성요소와 동작 원리를 이해하고, 운영 체제의 기능을 분석한다.

[9정01-02] 피지컬 컴퓨팅의 개념을 이해하고, 생활 속에서 적용된 사례 조사를 통해 컴퓨팅 시스템의 필요성

과 가치를 판단한다.

[9정01-03] 문제 해결 목적에 맞는 피지컬 컴퓨팅 구성요소를 선택하여 시스템을 구상한다.

[9정03-01] 문제의 상태를 정의하고 수행 가능한 형태로 구조화한다.

[9정03-02] 문제 해결을 위한 추상화의 중요성을 이해하고, 핵심요소를 중심으로 알고리즘을 표현한다.

[9정03-03] 알고리즘의 중요성을 이해하고, 문제를 해결하는 다양한 알고리즘을 비교⋅분석한다.

[9정03-04] 사례를 중심으로 문제 해결에 적합한 전략을 선택하여 알고리즘을 설계한다.

[9정03-05] 데이터를 순차적으로 저장할 수 있는 구조를 활용하여 문제 해결 프로그램을 작성한다.

[9정03-06] 논리 연산과 중첩 제어 구조를 활용하여 문제를 해결하는 프로그램을 작성한다.

[9정03-07] 프로그램 작성에서 함수를 활용하고, 프로그램 수행 결과를 디버거로 분석하여 오류를 수정한다.

[9정03-08] 실생활의 문제를 탐색하여 발견하고, 프로그래밍을 통해 해결한다.

[9정03-09] 다양한 학문 분야의 문제 해결을 위해 협력하여 소프트웨어를 개발한다.

[9정04-01] 인공지능의 개념과 특성을 설명하고 인공지능 소프트웨어를 구별한다.

[9정04-02] 인공지능 학습에서 데이터의 중요성을 이해하고, 학습에 필요한 데이터를 수집하여 분류한다.

[9정04-03] 다양한 데이터를 활용하여 인공지능 시스템을 구성하고 적용한다.

[9정04-04] 인공지능 시스템으로 해결 가능한 문제를 발견하고, 문제 해결에 적합한 인공지능 시스템을 적용한다.

[9정04-05] 인공지능 학습에 필요한 데이터의 수집과 활용에서 발생하는 윤리적인 문제의 해결방안을 구상한다.

미술

[9미01-02] 시각 문화의 의미와 역할을 알고 이미지를 비판적으로 해석할 수 있다.

[9미02-03] 조형 요소와 원리, 표현 재료와 방법, 디지털 매체를 포함한 다양한 매체를 활용하여 주제를 효과적으로 표현할 수 있다.

[9미02-04] 자신과 타인의 작품을 존중하며, 다양한 방법으로 공유하고 소통할 수 있다.

고등

과학

[10통과2-02-06] 에너지 효율의 의미와 중요성을 이해하고, 지속가능한 발전과 지구 환경 문제 해결에 신재생 에너지 기술을 활용하는 방안을 탐색할 수 있다.

[10통과2-03-02] 빅데이터를 과학기술사회에서 사용하고 있는 사례를 조사하고, 빅데이터 활용의 장점과 문제점을 추론할 수 있다.

[10통과2-03-03] 인공지능 로봇, 사물인터넷 등과 같이 과학기술의 발전을 인간 삶과 환경 개선에 활용하는 사례를 찾고, 이러한 과학기술의 발전이 미래 사회에 미치는 유용성과 한계를 예측할 수 있다.

[10통과2-03-04] 과학기술의 발전 과정에서 발생할 수 있는 과학 관련 사회적 쟁점(SSI)과 과학기술 이용에서 과학 윤리의 중요성에 대해 논증할 수 있다.

[12물리02-02] 전기 회로에서 저항의 연결에 따라 소비 전력이 달라짐을 알고, 다양한 전기 기구에서 적용되는 사례를 찾을 수 있다.

[12물리02-05] 전류의 자기 작용을 이용하여 에너지를 전환하는 장치의 원리를 알고, 스피커와 전동기 등을 설계할 수 있다.

기술

[12기가04-03] 기술, 수학, 과학, 예술 등과 융합하여 공학이 발전된 사례를 분석하여 공학의 융합적 특성과 중요성을 이해한다.

[12기가04-05] 다양한 공학 분야를 탐색하여 공학자의 역할을 이해하고, 자신의 흥미, 적성, 능력에 맞는 공학 분야의 진로를 탐색한다.

[12기가06-01] 빅데이터, 사물인터넷, 인공지능 등 최신 기술을 통해 정보통신 공학을 이해하고, 정보통신 공학의 활용 사례를 탐구하여 정보통신 기술을 윤리적으로 활용하는 태도를 갖는다.

정보

[12정01-03] 문제 해결에 적합한 피지컬 컴퓨팅 시스템 장치를 선택하여 사물인터넷 시스템을 설계한다.

[12정02-03] 빅데이터의 개념과 특징에 대한 이해를 바탕으로, 문제 해결에 적합한 데이터를 수집한다.

[12정02-04] 빅데이터 분석 도구를 활용하여 데이터를 시각화하고 그 의미와 가치를 해석한다.

[12정03-01] 복잡한 문제를 해결 가능한 작은 문제로 분해하고 모델링한다.

[12정03-04] 자료형의 종류와 특성을 알고, 적합한 자료형을 선택하여 프로그램을 작성한다.

[12정03-06] 다차원 데이터 구조를 활용한 프로그램을 작성한다.

[12정03-07] 다양한 제어 구조를 복합적으로 활용한 프로그램을 작성한다.

[12정03-08] 객체를 구현하는 클래스와 인스턴스를 활용하여 프로그램을 작성한다.

[12정03-09] 실생활 및 다양한 학문 분야의 문제 해결을 위한 프로그램을 협력적으로 설계·구현한다.

[12정03-10] 문제 해결을 위한 프로그램의 성능을 평가하고 공유한다.

[12정04-01] 지능 에이전트의 개념과 특성을 이해하고, 인간과 인공지능의 관계를 분석한다.

[12정04-02] 기계학습의 개념을 이해하고, 지도학습과 비지도 학습의 차이를 비교·분석한다.

[12정04-03] 기계학습을 활용하여 해결할 수 있는 문제와 그렇지 않은 문제를 구분하고, 사회문제 해결에 기계학습을 적용한다.

[12인기01-01] 인공지능의 지능적 판단에 대한 이해를 바탕으로 인공지능을 활용한 실생활 및 다양한 학문 분야의 문제 해결 사례를 비교·분석한다.

[12인기01-02] 인공지능에서 탐색의 중요성을 이해하고 문제 해결을 위한 탐색 과정을 설계한다.

[12인기02-01] 기계학습을 적용할 문제를 정의하고, 문제 해결에 필요한 데이터를 선정하여 수집한다.

[12인기02-02] 수집한 데이터를 가공하여 핵심 속성을 추출한다.

[12인기02-04] 훈련 데이터를 이용하여 학습을 진행하고, 테스트 데이터를 사용하여 성능을 평가한다.

[12인기02-05] 인공신경망과 딥러닝의 특성에 대한 이해를 바탕으로 활용 분야를 탐색한다.

[12인기02-06] 딥러닝을 활용하여 실생활 및 다양한 학문 분야의 문제를 해결하고, 성능을 평가한다.

[12인기03-01] 인공지능의 발전으로 인한 사회 변화를 살펴보고, 인공지능으로 해결할 수 있는 사회적 문제를 분석한다.

[12인기03-02] 인공지능에 의해 변화하는 인간의 삶과 직업의 양상에 대해 이해하고 진로를 탐색한다.

[12인기03-03] 인공지능에 대한 비판적 자세를 바탕으로 인공지능과 인간의 공존 방안을 도출한다.

[12인기03-04] 인공지능의 활용 사례와 윤리적 딜레마 상황을 인공지능 윤리 관점에서 분석한다.

[12인기04-01] 지속가능발전목표를 해결하기 위해 인공지능을 적용할 수 있는 방안을 탐색하고, 인공지능 프로젝트 활동에 적합한 주제를 도출한다.

[12인기04-02] 인공지능 문제 해결 과정에 기반하여 프로젝트 수행 계획을 구안한다.

[12인기04-03] 인공지능 프로젝트를 수행하는 과정에서 협력적인 문제 해결 자세를 바탕으로 인공지능 소프트웨어를 개발한다.

[12인기04-04] 인공지능의 사회적 영향을 고려하여 인공지능 소프트웨어를 개발하고, 평가 결과를 반영하여 성능을 개선한다.

[12소생01-01] 소프트웨어가 세상을 변화시킨 사례를 탐색하고 소프트웨어가 사회 변화에 미치는 영향을 분석한다.

[12소생01-02] 실세계의 문제와 현상을 소프트웨어의 관점으로 바라보고 소프트웨어 발전에 따른 미래 사회의 변화를 예측한다.

[12소생01-03] 소프트웨어 융합을 통한 문제 해결 사례를 바탕으로, 다양한 학문 분야에서 소프트웨어와의 융합을 통해 문제를 해결하는 방법을 비교⋅분석한다.

[12소생02-01] 피지컬 컴퓨팅 도구로 구현된 작품의 구성 및 작동 원리를 분석한다.

[12소생02-02] 소프트웨어를 통해 아이디어를 표현하는 데 필요한 센서와 액추에이터를 선택하여 피지컬 컴퓨팅 시스템을 구성한다.

[12소생02-03] 피지컬 컴퓨팅을 통해 미디어 아트 작품을 창작하고, 창작에 활용된 소프트웨어의 가치를 파악한다.

[12소생05-01] 소프트웨어 스타트업의 개념을 이해하고 새로운 가치를 창출하는 소프트웨어 스타트업 사례를 분석한다.

[12소생05-02] 소프트웨어 스타트업 프로젝트의 수행 과정을 이해하고, 사용자 요구를 분석하여 소프트웨어 스타트업 아이디어를 구안한다.

[12소생05-03] 스타트업 프로젝트에 적합한 소프트웨어를 협력적으로 설계하고 구현한다.

[12소생05-04] 개발한 소프트웨어의 가치를 사회적, 기능적, 윤리적 관점에서 평가한다.

미술

[12미매01-02] 미술에서 매체의 역할과 의미를 탐색하고 미적 가치를 발견할 수 있다.

[12미매01-03] 미술에 활용되는 아날로그와 디지털 매체의 개념과 종류를 이해하고 개방적 태도로 표현 매체를 선택할 수 있다.

[12미매01-04] 매체의 특성과 표현 원리를 실험하고 작품에 반영할 수 있다.

[12미매02-01] 아날로그 매체와 디지털 매체를 창의적으로 활용하여 표현할 수 있다.

[12미매02-02] 아날로그와 디지털 매체를 타 분야와 연결하고 융합하며 매체의 가치를 공유할 수 있다.

[12미창01-02] 창의적 발상 방법을 알고 아이디어를 시각화할 수 있다.

[12미창01-03] 표현 기법과 매체를 탐구하고 이해하여 발견된 문제를 해결할 수 있다.

[12미창01-04] 주제에 적합한 표현 매체와 방법을 선정하고 몰입하여 작품을 창작할 수 있다.

아두이노 내친구 by 스크래치
1편: 기초[교재+키트]

아두이노에 대한 기초적인 내용을 알아보고, 스크래치로 아두이노와 전자 회로를 작동하는 법을 배울 수 있게 구성했습니다.

정가: 45,000원

아두이노 내친구 by 스크래치
2편: 라인트랙 자동차 만들기[교재+키트]

라인 센서, 모터, 모터 드라이버 모듈 등의 전자 부품을 사용해서 직접 코딩하여 자신만의 멋진 라인 트랙 자동차를 만들어 봅니다.

정가: 54,000원

아두이노 내친구 by 스크래치
3편: 자율주행 자동차 만들기[교재+키트]

초음파 센서, 서보모터, 모터, 모터 드라이버 모듈 등의 전자부품을 사용해서 독자들이 직접 코딩하여 자신만의 자율주행 자동차를 만듭니다.

정가: 61,000원

아두이노 내친구
1편: 자동차 만들기 기초[교재+키트]

아두이노와 컴퓨터를 연결하는 방법, 전자부품(LED, 저항 등)에 대한 기초적인 지식 등 《2편 자동차 만들기》 할 때 꼭 알아야 하는 내용으로 구성했습니다.

정가: 39,000원

아두이노 내친구
2편: 라인트랙 자동차 만들기[교재+키트]

전자회로 구성을 이해하고, 아두이노 보드를 제어하여 직접 라인트랙 자동차를 만들어 볼 수 있게 구성했습니다.

정가: 39,000원

아두이노 내친구
3편: 블루투스/자율주행/앱 만들기[교재+키트]

초음파 기술로 자율주행하는 자동차를 만들고, 블루투스를 연결해서 블루투스 무선조종 자동차를 만듭니다. 또한 스마트폰 앱을 만들어 자동차를 제어해 볼 수 있게 구성했습니다.

정가: 84,000원

KODU 게임메이커

KODU로 직접 사과먹기 게임, 레이싱 게임과 같은 3D 게임을 만들면서 코딩을 익힐 수 있게 구성한 교재입니다. 단계별로 그림과 함께 설명해서 누구나 쉽게 이해할 수 있게 했습니다.

정가: 11,800원

엔트리 교과서 코딩
초등 1: 국어, 통합교과

먼저 엔트리를 익히고, 초등학교 1학년 국어 교과서 내용을 엔트리로 코딩하여 작품을 만드는 과정을 통해 교과서 내용과 코딩을 동시에 익힐 수 있게 구성한 교재입니다.

정가: 18,000원

엔트리 교과서 코딩
초등 1: 수학, 통합교과

먼저 엔트리를 익히고, 초등학교 1학년 수학 교과서 내용을 엔트리로 코딩하여 작품을 만드는 과정을 통해 교과서 내용과 코딩을 동시에 익힐 수 있게 구성한 교재입니다.

정가: 18,000원

엔트리 교과서 코딩
Vol.3: 수학, 통합교과

먼저 엔트리를 익히고, 초등학교 1학년 수학 교과서 내용을 엔트리로 코딩하여 작품을 만드는 과정을 통해 교과서 내용과 코딩을 동시에 익힐 수 있게 구성한 교재입니다.

정가: 18,000원

아두이노 메이킹

아두이노 보드, 다양한 센서와 부품에 관한 지식을 익히고, 독자가 직접 코딩하여 음주측정기, 스마트팜, 스파클링 분수를 만들어 보는 아두이노 피지컬 입문 교재입니다.

정가: 16,000원

소프트웨어 사고력 올림피아드
SW 사고력 올림피아드 사무국 지정 공식 교재

기출문제를 분석하여 답안 작성 방법을 소개하고, 답안 표현 방법을 다양하게 제시해서 표현력을 기를 수 있게 했습니다. 실제 대회에 참가한 학생의 답안과 기출 문제와 유사하게 연습 문제도 수록했습니다.

정가: 28,500원

잇플의 IT 도서

SW·AI를 위한 마이크로비트
with MakeCode[교재+키트]

마이크로비트의 구조와 기능, MakeCode 사용법을 익히고 LED 전광판, 효과음 작곡하기, 생일 축하카드를 만들며 디지털 제품의 동작 원리, 인공지능과 사물인터넷(IoT) 기술을 이해할 수 있게 구성했습니다.

정가: 118,000원

10대를 위한 데이터과학
with 엔트리

데이터 과학에 입문하는 청소년들이 이론에 얽매이지 않고 데이터 과학을 체험해 볼 수 있게 구성한 실습서입니다.

정가: 26,500원

코딩과 드론 날로먹기[교재+키트]

코딩과 드론을 동시에 배울 수 있는 코딩 드론 입문서입니다. 드론을 배우고 싶었지만 막막했던 초보자에게 스크래치로 쉽게 드론 코딩하는 방법을 설명합니다.

정가: 107,800원

파이썬과 드론 날로먹기[교재+키트]

드론에 대한 이론과 조종기로 드론을 제어하는 방법, 파이썬으로 기초 프로그램을 만들어 드론을 제어하는 등 SW와 HW를 골고루 활용해 볼 수 있게 구성한 교재입니다.

정가: 107,800원

생각대로 파이썬
파이썬 성장 프로젝트

파이썬에 입문하려는 분을 위해 그림으로 파이썬 문법을 설명했습니다. 예제를 통해 파이썬 개념을 이해하고 파이썬을 활용하는 인공지능 예제도 소개합니다.

정가: 23,000원

앱인벤터 한권으로 끝내기

앱 인벤터의 기초 사용법과 앱 인벤터가 제공하는 인공지능 기술을 접목하는 방법을 배웁니다. 각 chapter마다 응용 작품을 만들어 볼 수 있게 구성해서 학습 내용을 확실히 이해할 수 있게 했습니다.

정가: 28,500원

누구나 파이썬
너도 데이터 가지고 놀 수 있어!

데이터를 다루는데 필요한 Pandas 모듈과 시각화하는데 필요한 matplotlib 모듈에 대해 알아보고, 다양한 예제로 데이터 분석을 학습할 수 있는 교재입니다.

정가: 18,000원

코스페이시스 한권으로 끝내기

손쉽게 가상현실 개발 제작 도구를 익히고 SDGs의 지속 가능한 미래가치를 담은 가상현실 제작하기.

정가: 28,500원

정보 영재원 대비 문제집[초등 3~5학년]

영재 선발 시험에 대비할 수 있게 영재원 대비법, 영재성 검사, 창의적 문제해결검사, 심층면접, 모의고사 총 5개 PART로 구성. 기출문제와 논문, 관련 서적도 참고해서 대학과 교육청의 정보 및 로봇 영재원 시험에 최적화된 교재입니다.

정가: 28,000원

정보 영재원 대비 문제집[중등, 초6~중2]

영재 선발 시험에 대비할 수 있게 영재원 대비법, 영재성 검사, 창의적 문제해결검사, 심층면접으로 구성했습니다. 기출문제와 논문, 관련 서적도 참고해서 대학과 교육청의 정보 및 로봇 영재원 시험에 최적화된 교재입니다.

정가: 28,000원

IT 영재를 위한 이산수학[초등]

정보올림피아드나 정보(SW)영재원을 대비하는 수험생은 이산수학 내용을 모두 공부할 필요는 없고, 출제되는 이산수학 내용만 집중 학습하면 됩니다. 따라서 기출문제를 중심으로 시험에 최적화된 내용으로 구성했습니다.

정가: 28,000원

IT 영재를 위한 이산수학[중등]

정보올림피아드나 정보(SW)영재원을 대비하는 수험생은 이산수학 내용을 모두 공부할 필요는 없고, 출제되는 이산수학 내용만 집중 학습하면 됩니다. 따라서 기출문제를 중심으로 시험에 최적화된 내용으로 구성했습니다.

정가: 28,000원

SW·AI를 위한 아두이노 인공지능 스탠드 만들기

1판 1쇄 발행일 _ 2024년 1월 3일

지은이 _ 박재일 · 김용환
발행인 _ 정지숙
제작 _ (주)잇플 ITPLE
편집 _ (주)잇플 ITPLE 출판편집팀

펴낸곳 _ (주)잇플 ITPLE
주소 _ 서울특별시 동대문구 답십리로 264 성신빌딩 2층
전화 _ 0502-600-4925
팩스 _ 0502-600-4924
홈페이지 _ www.itpleinfo.com
e-mail _ itple@itpleinfo.com
카페 _ http://cafe.naver.com/arduinofun
ISBN _979-11-91198-40-9   13000